우리 마음속 10적

매일경제 기자들이 파헤친 한국의 민낯

우리 마음속
10적

매일경제 편집국 특별취재팀 지음

매일경제신문사

책을 펴내며

 습관적으로 속도를 위반하고 식당 예약을 취소하고 공공장소에서 큰소리로 떠드는 풍경은 익숙한 일상입니다. 자신보다 약한 사람에게는 큰소리부터 치고, 그들의 인권은 아랑곳하지 않는 사람들도 어렵지 않게 찾아볼 수 있습니다. 무슨 일이건 편을 갈라 자신만 옳다고 주장하고, 눈앞의 이익이나 성과에 급급해 장기적인 안목은 잃어버린 듯한 사람들을 보며 나라의 장래를 걱정해 보지 않은 사람은 아마 없을 겁니다. 창간 50주년을 맞아 기획 취재 아이템을 고민하던 저의 머릿속에도 이런 생각들이 가득 차 있었습니다.

 〈매일경제〉는 창간 이후 줄곧 대한민국을 선진국으로 만들자는 기치 아래 신문을 제작해 왔습니다. 선진국 진입을 가로막는 후진적 국가 시스템, 열악한 사회적 인프라 등을 지적했습니다. 정치, 외교, 경제, 도시, 금융, 산업, 과학기술 등 거의 모든 분야에 대해서 국민적 공감대를 형성하고자 노력해 왔습니다.

그러나 이런 노력에도 불구하고 선진국 진입은커녕 오히려 퇴행적 모습을 보이고 있다는 자괴감이 듭니다. 아무리 거창한 어젠다를 제시해도 국민 개개인의 의식이 선진화되지 않는다면 모든 게 헛수고 같다는 생각이 들었습니다. 독일의 정치철학자 막스 베버의 말처럼 국민의 수준을 넘어서는 국가를 갖지 못하는 지도 모릅니다.

그래서 〈매일경제〉는 창간 50주년을 맞아 우리 마음속에 있는 비합리적이고 후진적인 의식을 걷어 내는 캠페인을 해 보자는 데 의견을 모았습니다. 나부터 바뀌지 않는데 국가가 바뀔 리 없습니다. 그래서 시작한 것이 '우리 마음속 10적'입니다. 국민 한 사람 한 사람이 선진시민에 걸맞은 의식과 행동을 갖추는 데서 선진국 진입의 단초를 찾아야겠다고 생각했습니다.

사회 구성원 누구나 공감하면서도 쉽게 고치지 못하는 고질적인 병폐가 무엇인지를 국민들에게 물었습니다. 그리고 우리가 스스로 문제점이라고 지적한 것들을 하나씩 고쳐 나가는 접근법을 택했습니다. 아래서부터의 작은 혁명을 해 보자는 것이었습니다.

'온라인 시대'도 아닌 '모바일 온리mobile only'를 이야기하는 시대에 전통적인 플랫폼의 상징인 신문에 설문지를 싣고 그 설문에 펜으로 일일이 답변을 한 후 신문을 오리고 풀칠해, 우체통에 넣는 엄청난 수고를 독자들에게 요청했습니다. "주변에서 우체통 본 적 있어?", "모바일 시대에 누가 엽서를 부치겠어?"라는 비아냥도 있었습니다. 걱정이 없었던 것도 아닙니다. 하지만 결과는 예상 밖이었습니다. 일주일도 채 안 되는 기간 동안 손 편지 6,000통이 편집국에 도착했습니다. 인터넷 홈페이지를 통한 설문응답자까지 포함하면 총 1만 4,000여 명 독자가 설문에 참여할 정도로 큰 관심을 끌었습니다.

혹시라도 있을지 모를 '치우침'을 막기 위해 한국리서치에 별도의 설문조사도 의뢰했습니다. 결과는 독자설문과 한국리서치를 통한 설문이 대체로 일치했습니다. 생활 속에서 시민들이 느끼는 것은 비슷하다는 의미였을 겁니다. 그중에는 저희의 예상과는 다른 것도 많았습니다. 하지만 저희는 가감 없이 독자들이 주신 의견을 지면에 담기로 했습니다.

이렇게 '10적'을 선정한 후 특별취재팀을 꾸려 심층취재를 시작했습니다. 매 회 독자반응을 소개하고 동영상, 카드뉴스 제작을 병행해 독자와의 소통을 시도했습니다. 환풍구 안전문제를 지적해 즉각적인 환풍구 보수 공사를 이끌어 냈고, 가정폭력으로 집 밖을 떠돌다 미혼모가 된 10대 엄마를 돕기 위한 크라우드펀딩도 성공적으로 마무리하는 등의 성과도 있었습니다.

'우리 마음속 10적' 시리즈가 나와 주변을 돌아보고, 작은 것부터 조금씩 바꿔 가는 데 작은 힘이라도 됐기를 바랍니다.

'우리 마음속 10적' 기획은 2015년 시리즈로 연재된 '기업 10적'의 후속 편 성격도 띠고 있습니다. 당시 〈매일경제〉 편집국은 사회에 너무도 팽배한 반기업 정서에 위축된 기업들을 격려하고, 기업들이 정당하게 일한 만큼 평가받는 풍토를 만들어 보려는 시도에서 '기업 10적' 시리즈를 기획했고, 각계각층에서 격려와 지지를 받았습니다. 앞으로도 〈매일경제〉 편집국은 보다 나은 세상을 위해 열심히 뛰겠습니다.

기획에서부터 취재, 책 집필까지 최선을 다해 준 특별취재팀 기자들

과 설문조사와 분석에 수고를 아끼지 않은 한국리서치, 그리고 엽서로
온라인으로 설문에 참여해 기획을 완성하는 데 결정적인 힘을 보태 주
신 독자 여러분께 다시 한 번 감사드립니다.

매일경제 편집국장 손현덕

차례

차례

1적_갑

안 하 무 인 갑 질

첫째 갑

'10적' 설문에 참여한 독자들이 가장 시급히 해소해야 할 문제로 지적한 것은 '갑질' 현상이었다. 설문 응답자 79.2%가 '갑질 현상이 사회에 만연해 경쟁력을 갉아먹고 있다'고 응답했다. 사회적 지위가 낮은 대상에게 고압적 태도로 일관하는 갑질의 대중화 현상이 직업, 연령, 상황을 막론하고 발생한다는 것이다.

가장 큰 문제는 나도 모르는 사이에 갑질을 하는 사례가 많다는 점이다. 2015년 잡코리아는 직장인 604명을 상대로 '직장인 갑질 행태' 설문 조사를 했다. 응답자 88.6%는 직장 생활을 하며 갑질을 당해 본 경험이 있다고 답했다. 반면 '본인이 갑질을 해 봤느냐'는 질문에는 세 명 중 한 명인 33.3%만 '그렇다'고 답했다. '맞은 기억'은 생생하지만 '때린 기억'은 나지 않는다고 주장하는 셈이다. 피해자 처지가 됐을 때 당한 갑질은 민감하게 받아들이는 반면 가해자 상황에 대해서는 둔감하게 생각하는 특성이 설문에 그대로 반영됐다. 최민식 이화여대 교수는 "갑질을 당했지만 나는 하지 않았다고 생각하는 직장인의 설문 답변 내용은 현재 한국인 심리를 그대로 반영한다. 생활 속 갑질이 사회 저변에서 넓게 일어나고 있다"고 분석했다.

내면 깊이 자리한
악마 같은 갑질 본능

"야, 이 미친××아. 상사 바꿔!"

"고객님, 무슨 일 때문에 그러시는지요. 전달이 잘 안되는데 목소리 조금만 낮춰 주시겠어요."

"사기꾼 새끼들. 손님 등쳐 먹고 월급은 받고 있냐. 쓰레기 같은 ×. 빨리 바꾸라고 ××."

뒤통수를 얻어맞은 듯한 충격이었다. 우리 내면 깊숙이 자리한 악마 같은 '갑질 본능'은 예상보다 훨씬 집요하고 독했다.

A통신사 콜센터에 걸려 온 고객 전화 내용 중 일부다. '내가 고객이다'라는 갑의 지위를 악용해 화풀이를 해 댄 것이다. 녹취에는 인간의 존엄성을 파괴하는 자극적인 말들이 가득했다.

욕설로 일관된 통화는 상담사가 악성 민원인을 전담하는 상급자에게 전화를 넘기기까지 약 5분간 쉬지 않고 이어졌다. 통화를 끝낸 상담사 어깨가 늘어졌다. 깊은 한숨을 내쉬며 고개를 묻었다.

"하루에 콜을 100통 넘게 받는데 일주일에 한두 건은 처음부터 반말로 시작해요. 지금이야 이겨 내지만 신입 때는 울기도 했죠."

B카드사 콜센터 최근 조사에 따르면 전체 고객 중 욕설과 폭언을 퍼붓는 소비자 비중은 약 0.2%에 달한다. 1,000명이 전화하면 두 명은 대놓고 갑질을 한다는 것이다. B카드사 관계자는 "대부분 상습범들인데 뾰족한 대처 방법이 없다"며 "매년 10%가량 갑질 고객 숫자가 늘어나는 것으로 추산하고 있다"고 말했다.

콜센터는 '내 안의 갑질 본능'이 여과 없이 드러나는 대표적 공간이다. 전화 한 통으로 얼마든지 상대방을 괴롭힐 수 있다. A통신사 콜센터 본부장은 "콜센터는 고객이 아무 이유 없이 욕설을 해도 함부로 전화를 끊을 수 없다"며 "손님이 갑이라는 생각으로 똘똘 뭉쳐 상담사를 함부로 대하면서도 죄책감을 느끼지 못하는 것 같다"고 말했다.

2015년 KB국민카드가 악성 고객을 경찰에 고발하는 극약 처방을

감정노동 강도 센 직업

1위 텔레마케터
2위 호텔관리자, 네일아티스트
4위 중독치료사
5위 창업컨설턴트, 주유원
7위 항공권 발권 사무원
8위 노점·이동판매원, 취업알선원

자료: 한국고용정보원

꺼낸 것도 이 같은 맥락에서다. 무려 아홉 차례나 전화를 걸어 상담사에게 성적 수치심이 드는 욕설을 퍼부어 댔다. 직원 아홉 명은 정신과 상담까지 받았고 그중 한 명은 퇴사 의사를 밝혔을 정도다. 하지만 '손님이 왕'이라는 갑을甲乙 관계 프레임에 갇힌 상담사는 모진 욕설을 묵묵히 견뎌야만 했다.

나보다 약한 사람을 타깃으로 한 갑질 횡포는 쉽게 찾아볼 수 있다. C금융사 임원인 우승군(가명) 씨 경험이 대표적인 사례다. 그는 회사 사정으로 약 2년간 야인 생활을 했다. 평소 자전거에 관심이 많았던 그는 틈틈이 배워 둔 기술로 자전거 수리공으로 취업해 제2의 인생길을 여는 데 성공했다. 하지만 잘나가던 대기업 직장인에서 기능공으로 처지가 바뀌자마자 그는 을의 서러움을 톡톡히 겪어야만 했다. 우 씨는 50대 나이에 머리가 벗겨져 한눈에 봐도 노안이지만 새파란 20대 손님 상당수는 대놓고 반말을 썼다. 주머니에 손을 찔러 넣고 "어이 아저씨, 이거 고치는 데 얼마 들어?"라고 묻거나, 아무 말 없이 타던 자전거에서 내려 "이거 저녁까지 고쳐 놔"라고 명령하는 식이었다. 우 씨는 "대접받고 살던 대기업 직장인 시절에는 상상도 못 하던 일을 겪었다"며 "사회에 넓게 퍼진 갑을 관계 정서가 뿌리 깊다는 생각에 서글펐다"고 말했다. 우 씨는 대기업 임원으로 복귀한 이후에는 "내가 갑질을 하고 있지 않나"를 항상 돌아본다고 했다.

고용 시장 역시 갑질 현상이 일상화된 대표적 영역 중 하나다. 성남시 분당구 소재 편의점에서 일하던 대학생 김성재(가명) 씨는 최근 근무 기간 1년을 채 열흘도 남기지 않은 상황에서 갑작스러운 해고 통지를 받았다. 1년 미만 일한 근로자에게는 퇴직금을 주지 않아도 되는 규정을 점주가 교묘히 악용한 것이다. 김 씨는 "야간 당번을 맡아 밤을 새우며 성실히 일해 왔는데 항변 한마디 못 하는 내 처지가 서글프다"고 말했다.

더 큰 문제는 나도 모르는 사이에 갑질을 하는 사례가 비일비재하다는 것이다. 2015년 잡코리아가 직장인 604명을 상대로 설문한 '직장인 갑질 행태' 조사 결과에 따르면 응답자 88.6%는 직장 생활을 하며 갑질을 당해 본 경험이 있다고 답했다. '내일 출근하면 확인할 수 있게 해 달라', '퀄리티는 높게 비용은 싸게 해 달라' 등 요구가 주를 이뤘다.

반면 '본인이 갑질을 해 봤느냐'는 질문을 던지자 세 명 중 한 명인 33.3%만 '그렇다'고 답해 대조를 이뤘다. '맞은 사람'은 있지만 '때린 사람'은 없는 형국이다. 피해자 입장에 처했을 때 당한 갑질을 민감하게 받아들이는 것과 달리 가해자 상황에서는 둔감하게 생각하는 특성이 설문에 그대로 반영된 것이다.

최민식 이화여대 교수는 "갑질을 당했지만 나는 하지 않았다고 생각하는 직장인 설문 결과는 현재 한국인 심리를 그대로 반영하는 것"이라며 "생활 속 갑질이 사회 저변에서 넓게 일어나고 있다는 걸 보여 준다"고 분석했다. 부지불식간에 갑질을 무수히 저지르고 있지만 이를 인지조차 할 수 없어 해법을 찾기는 더욱 요원하다는 얘기다. 특히 대기업 직원들은 조직 논리에 충실한 나머지 하도급 업체를 상대로 자신이 갑질을 하고 있다는 것을 미처 인지하지 못하는 경우가 부지기수다. 울산 북구에 사는 조성현 씨는 "갑질 논리로 무장한 대기업이 중소기업의 한

갑질 피해는 민감, 가해는 둔감

직장 생활 중 갑질 피해를 당한 적이 있다
.... **88.6%**

직장 생활 중 본인이 갑질을 해 본 적 있다
.... **33.3%**

자료: 집코리아

방울 남은 피까지 착취하는 사례가 비일비재하다"고 말했다.

〈매일경제〉 '10적' 설문에 참여한 독자들이 갑질 현상을 가장 시급히 해소해야 할 문제라고 지적한 것도 이 때문이다. 설문 응답자의 79.2%가 '갑질 현상이 사회에 만연해 경쟁력을 갉아먹고 있다'고 응답했다. 사회적 지위가 낮은 대상에게 고압적 태도로 일관하는 '갑질의 대중화' 현상이 직업, 연령, 상황을 막론하고 발생한다는 의견이 쏟아졌다. 갑에서 을로, 을에서 병으로 꼬리를 물고 이어지는 갑질 때문에 사회 곳곳에 불필요한 스트레스가 쌓인다는 것이다.

상대방에게 무시당하지 않기 위한 기 싸움도 일상화된다. 을처럼 보이지 않기 위해 허세를 부리기도 한다. 경기도 부천에 사는 김형수 씨는 "모르는 사이로 만나 갈등이 생기면 큰소리로 화부터 내는 문화가 문제"라고 지적했다.

울산 중구에 사는 고동욱 씨는 "은행 청원경찰로 일하던 때 대기 고객이 많아 업무 처리가 늦어지자 눈을 부라리며 욕설을 하던 중년 남성을 잊을 수 없다"며 "평소에 내가 손님일 때 별 생각 없이 화를 내지는 않았는지 돌아보는 계기가 됐다"고 말했다.

잘나가는 상무님에서
계약직 경비원으로

〰〰〰〰〰

한때 그는 기업의 '별'이라 불리는 임원이었다. 연 매출 250억 원에 생산품의 90%를 미국과 독일 등 선진국 시장에 내다 파는 굴지의 완구 제조사 상무로 제법 떵떵거리는 삶을 살았다. 이 회사에 부자재를 납품하기 위해 그에게 매달리는 하도급 업체들이 줄을 서 있었다.

'절대 갑'의 지위를 누렸던 그는 현재 아파트 경비원으로 일하고 있다. 회사 퇴직 후 마땅한 일을 찾지 못하다 친구 권유로 경비모를 썼다. 3개월마다 재계약을 해야 하는 신분으로 아파트 주민들은 물론 아파트 부녀회와 관리소 직원들의 눈치를 보며 살고 있다. 주위 사람들에게 쩔쩔매는 '을'로 살고 있는 장희석(가명) 씨를 그가 일하고 있는 경기도 일산의 한 아파트에서 만났다.

"자존심이 무너진다. 한때는 자기네들보다 훨씬 높은 위치에 있었는데…."

하루도 거르지 않고 자신과 동료들에게 면박을 주는 아파트 관리소 직원을 두고 장 씨가 내뱉은 말이다. 관리소 직원뿐만이 아니다. 술에 거나하게 취해 차에서 내리며 괜히 경비원에게 시비를 거는 아파트 주민들, 아파트 내 권력의 중심에 서 있는 아파트 부녀회, 대표자회의 임원들 모두 하나같이 장 씨가 모셔야 하는 갑들이다. "이들에게 찍히면 하루아침에 모가지가 날아간다"는 게 그의 설명이다.

그는 주민들에게서 "경비 주제에 시키면 시키는 대로 할 것이지"라는 말을 들을 때면 심한 자괴감이 든다고 했다. "관리사무소 지시로 불법 주차 차량에 스티커를 붙이면 차 주인은 어김없이 경비실로 찾아와 욕설부터 한다"고 하소연했다.

최근 장 씨의 경비원 동료는 모멸감을 참지 못해 결국 일을 그만뒀다고 했다. 나이도 한참 어려 보이는 한 주민이 늦은 밤 술에 취해 동료가 있는 경비실에 들어와 대뜸 "누가 지하실에서 수돗물을 마음대로 쓰라고 했느냐, 너희가 경비 보러 왔지 물 쓰러 왔어?"라고 욕설을 하며 소리를 질렀다고 한다.

이 모든 일은 장 씨가 기업 임원으로 재직할 당시에는 상상도 못 했던 일들이었다. 완구 쪽에서는 대기업 중의 대기업에 다녔다는 장 씨는 "명절이 되면 하도급 업체 사장들이 집 주차장에서 기다리고 있다가 한우세트, 상품권 등 선물을 차 트렁크에 싣곤 했다"고 말했다. 그는 "이따금씩 봉투를 놓고 가는 사람들도 있었다"고 덧붙였다.

회사 자금 출납의 최종 결정자였던 그는 이따금씩 갑질도 하며 하도급 업체들을 길들이기도 했다. 장 씨는 "하청 업체 사장이 조금이라도 마음에 안 들면 사장님 승인이 난 건이라도 '조금 기다려 봐라'는 식으로 말하며 대금 지불 기일을 내 마음대로 늦추기도 했다"고 말했다. 또 "사무실로 찾아와 식사라도 한번 대접해 줘야 대금 결제를 제때 해 주곤 했다"고 과거를 고백했다.

그는 "아파트 경비원이 되고서야 밑바닥에서 고생하시는 분들 심정을 이해하기 시작했다"고 말했다. "담배꽁초 줍고 현관 앞을 매일같이 빗자루로 쓸면서 궂은일을 하다 보니 말없이 자기 일에 열심인 사람들도 굉장히 많구나 하는 걸 느끼게 됐다"고 말했다.

그는 과거를 회상하며 "우리 건물에도 경비원 아저씨, 청소부 아주머니들이 있었는데 그 사람들한테 좀 잘해 줄 걸 하는 후회가 들기도 한다"고 했다. 그는 "내가 충분히 그들의 근로 환경을 개선할 수 있는 위치였는데 그러지 못한 게 아쉬움으로 남는다"고 말했다.

외국인이 본
한국 갑질문화 현주소

2016년 3월 28일 이기권 고용노동부 장관은 정부세종청사에서 근로자에 대한 대기업 갑질을 근절하겠다는 내용의 브리핑을 했다. 대림산업 부회장의 운전기사 상습 폭행, 두산모트롤의 직원 대기 발령을 비롯한 갑질 관행이 수면 위로 떠오르자 이를 근절하겠다는 의사를 밝힌 것이다.

한국 직장 문화는 유례를 찾을 수 없을 만큼 독특하다. '갑질의 갈라파고스'로 불릴 만큼 갑질의 종류도 건수도 많다. 한국에서 직장 생활을 하는 외국인 눈에 한국 갑질문화는 어떻게 비칠까. 한국에서 고군분투하는 네 명의 외국인 직장인을 만나 속내를 들어 봤다.

1995년부터 한국에 산 토드 샘플 씨는 한국전력, KOTRA를 비롯한 한국 공기업에서 오랜 기간 직장 생활을 했다. 2년 전 한국에 건너온 입양아 데이비드 필립 씨는 서울 강남에서 셰프로 일하고 있다. A씨는 한국에 산 지 10년이 넘은 소수민족 출신 중국인이다. 한국 생활 11년 차에 접어드는 B씨는 한국 대기업 IT 계열사에서 일한다. A씨와 B씨는 익명을 요구했다.

이들은 "한국이 특유의 갑질문화를 극복하지 못하면 진정한 선진국으로 도약하는 데 한계가 있을 것"이라고 입을 모았다.

B씨는 "사적 관계에 근거한 리더십문화 때문에 사적인 관계가 공적 영역에서도 그대로 나타난다"며 "다른 나라 직장에서는 상상할 수 없는 불합리한 지시가 많다"고 말했다. 토드 샘플 씨는 "한국에 막 온 외국인 친구들에게 갑을 관계를 빨리 이해해야 한국 생활에 적응할 수 있다고 조언했을 정도"라고 말했다.

Q. 한국의 갑질문화를 가장 실감했을 때는 언제인가.

데이비드 필립 : 8개월 동안 안산, 서초동, 이태원 두 곳 등 총 네 곳의 음식점을 전전했다. 식당 주인의 갑질 때문이었다. 셰프를 전문가로 존중하기보다는 사장을 위해 봉사하는 노예쯤으로 알더라. 두 번째 식당 주인은 주방에 CCTV를 설치해 감시했다. 20년간 미국에서 일했지만 단 한 번도 이런 일은 없었다. 입양아라 외모가 똑같은데도 외국인 직원이라고 대놓고 차별했다. 직원 간 서열 의식도 심각했다. 일주일 먼저 식당에 들어왔다는 이유로 나보다 스무 살 어린 22세 직원이 나한테 허드렛일을 몰아주더라. 날 군대 이등병쯤으로 생각한 것 같았다.

A : 내 아내는 전액 장학금을 포기하고 대학원을 옮겼다. 교수가 시시콜콜한 사적인 일까지 종처럼 시켰기 때문이다. 졸업 후 한국 회사는 절대 안 다닐 거라고 하더라.

B : 나 역시 대학원에 다닐 때 노예 수준으로 교수에게 봉사했다. 교수가 논문 심사라는 생살여탈권을 쥐고 있기 때문이다. 능력 없는 학생도 교수에게 잘 보이면 전문가로 변신한다. 아무리 능력 있어도 교수가 졸업시키기 싫으면 졸업이 안 되는 구조다. 호주 대학원도 다녀 봤지만 확연히 다르다.

Q. 기업의 갑질문화는 어떤가.

B : 한국 기업은 계약을 관계의 연장으로 생각한다. 관계가 발전하듯이 계약서도 진화한다고 여긴다. 갑이 요구하면 으레 을은 따르는 구조다. 대기업이 세부 계약 내용을 수정하면 하도급 업체는 눈물을 머금고 계약을 고친다. 우리 회사와 거래하는 중소기업도 많이 당했다.

토드 샘플 : 예전에 다녔던 공기업은 한국에서 '절대 갑'으로 군림하는 회사였다. 하도급 업체들이 설설 기기 때문이다. 하지만 해외 사업에서 갑 행세를 하다가 낭패를 본 적도 있다.

Q. 생활 속 갑질도 심각한가.

A : 한국은 처음 만날 때부터 상하 관계를 명확히 정한다. 나이가 많으면 갑이 된다.

B : 유치원생마저 나이를 무기로 갑질을 하는 실정이다. 둘째 아들이 네

살 때 '나이도 어린 세 살짜리가 건방지게 나를 놀렸다'며 화내는 모습에 충격을 받았다. 지금은 중학생이 됐는데 학교 체육대회에 가 보면 젊은 교사들은 행사 진행에 바쁘지만 선임 교사들은 천막에서 막걸리를 마시고 있더라.

Q. 경직된 갑을 관계가 초래하는 부작용은.

데이비드 필립 : 을이 갑의 비위를 거스르면 안 된다는 생각이 엄청난 비효율을 만든다. 식당 주인이 음식에 대해 너무 모르기에 진심 어린 조언을 해 줬더니 고마워하기는커녕 기분 나빠 했다. 을인 직원 주제에 갑인 사장에게 지적을 했다는 것이었다.

B : 회사에서 CEO가 누리는 절대 갑의 지위도 문제다. 공기업에서 사장을 세 번 모셨는데, 다 이름만 대면 알 만한 분들이다. 누가 봐도 어이없는 예산 낭비 프로젝트를 감행하는데 아무도 직언을 못 하더라. 사장이 녹색 컵을 보고 '이건 빨간색'이라고 하면 직원들이 입을 모아 '이건 세상에서 가장 아름다운 빨간색 컵입니다'라고 말하는 문화다. '벌거벗은 임금님'이 따로 없다.

A : 중국에도 이런 문화가 없는 것은 아니지만 이 정도는 아니다. 중국에서 1980년대에 태어난 '바링허우' 세대와 1990년대 태어난 '주링허우' 세대는 부당한 지시를 받으면 회사를 나가 버린다. 그 덕에 중국의 자유로운 창업문화가 발달한 측면도 있다. 경직된 갑을 관계는 한국을 '갈라파고스 섬'처럼 만든다. 한국의 미래를 위해 구태는 극복해야 한다. 내가 갑질을 당한 만큼 돌려주겠다는 보상 심리를 없애야 한다.

A : 매우 공감한다. 한국인은 지나치게 눈치 보면서 일하는 경향이 있다. 상사가 먼저 일어나지 않으면 집에 간다고 말하기가 조심스럽다. 을이 갑보다 먼저 퇴근하면 안 된다는 생각 때문일 것이다. 처음에는 이해가 안 갔지만 어느새 적응해서 나도 그러고 있더라.

데이비드 필립 : 계약서상으로는 하루 7시간 근무였는데, 보통 9∼10시간 일하는 게 다반사였다. 법으로 보장된 초과근무수당을 받은 적이 한 번도 없다. 갑인 고용주를 위해 을이 쉬지 않고 일해야 한다는 암묵적 관행이 한국에 널리 퍼져 있기 때문이 아닐까.

한국인만 모르는
다른 대한민국

〰〰〰〰

"의도하지 않았더라도 구조적으로 누군가에게 갑질을 하게 마련이다. 본인이 평소 '을'의 설움을 겪었다고 생각하는 사람일수록 아랫사람을 존중하는 태도를 몸에 지녀야 한다."

한국에 대한 애착으로 '한국인보다 한국을 더 사랑하는 교수'로 알려진 임마누엘 페스트라이쉬Emanuel Pastreich(한국명 이만열) 경희대 국제대학 교수가 '갑질의 모순'을 하루속히 극복해야 한다는 처방을 내놨다. 《한국인만 모르는 다른 대한민국》 저자인 그는 대표적인 지한파로 통하는 외국인 중 한 명이다.

그는 대한민국 특유의 갑질문화가 유교문화에 기인했다는 일각의 분석을 일축했다. 페스트라이쉬 교수는 "유교사상이 신분 간 위계질서를 엄격히 하는 데 영향을 미쳤지만, 유교는 윗사람의 윤리 도덕적 책임에 굉장한 가치를 둔다"고 주장했다.

그는 오히려 유교사상에서 한국사회를 병들게 하는 갑질문화의 해결 방안을 엿볼 수 있다고 설명했다. 그는 공자의 《논어》에 나오는 구절인 '방무도 부차귀언 치야邦無道 富且貴焉 恥也, 바른 도리를 세우지 못한 채 부자가 되고 높은 지위에 오르는 것은 인간으로서 부끄러운 일'를 인용하며 "현재의 갑질 현상과는 괴리가 있다"고 말했다.

갑질의 심리적 배경이 되는 복종문화에 대해서도 그는 "윗사람한테 무조건 복종하는 현재의 문화도 유교사상에는 없다"고 설명했다. 그는 "유교의 창시자인 공자 역시 절대 왕한테 복종하지 않았다"며 "늘 군주한테 정치적 의견을 제시했고, 왕이 이를 받아들이지 않았을 경우 다른 나라로 가서 유교사상을 전파했다"고 덧붙였다. 또 과거 조선시대의 유학자들을 예로 들며 "되려 17~18세기 조선에서는 20대 유학자들과 80대 유학자들이 한데 모여 토론을 나누고 서신으로도 활발히 소통했다"며 "오히려 지금보다 소통이 더 잘됐다고 할 수 있다"고 말했다.

그는 유교사상이 왜곡돼 해석된 것을 '식민지 잔재'로 설명했다. 일제가 전략적으로 일부 특권층을 만들어 내는 동시에 이들과 서민들 간 소통을 단절시켰다는 것이다.

군대문화 역시 갑질의 뿌리 가운데 하나라고 지적했다. 1960년대 이후 고도성장기에 통했던 군대문화가 전 사회에 도입됐고 기업문화에도 자연스레 스며들었다는 것이다.

그는 한국이 고령화사회로 접어들고 있는 점도 갑질문화를 부추기고 있다고 주장했다. 기업이든 정계든 현재 한국의 의사결정자들의 나이가 너무 많다는 지적이다. 그는 "과거 1970~1980년대 한국이 '한강의 기적'을 이룰 당시 박정희 대통령은 40대였으며 장관들도 30대가 많았다"며 "요즘에 사람들을 만나 보면 20~30대 인재들이 넘쳐나지만 조직 안에서 제 목소리를 내지 못하는 게 현실"이라고 꼬집어 말했다. 그는 "현실적으로 불가능하겠지만 기업 CEO들이 유능한 40대로 바뀐다면 갑질문화도 사라지고 조직에도 활기가 넘쳐날 것"이라고 진단했다.

그는 갑질문화를 극복하기 위해서는 '갑질의 모순'부터 해결돼야 한다고 조언했다. 사람들이 직장에서는 윗사람에 치여 피해를 보면서 정작 자신이 갑질을 할 수 있는 식당에 가서는 종업원을 무시하는 가해자로 돌변한다는 것이다.

페스트라이쉬 교수는 "나보다 사회적 직급이 낮다고 생각되는 상대방에게 먼저 인사하는 태도를 가져야 한다"며 "그러면 자연스레 서로가 서로를 존중하는 분위기가 조직 내에 퍼질 것"이라고 설명했다.

페스트라이쉬 교수는 앤디 그로브Andrew S. Grove 전 인텔 회장을 예로 들어 "편안하게 소통할 수 있는 환경을 조성해야 한다"고 강조하기도 했다. 그는 "그로브 회장 집무실은 직원들 공간보다 고작 책상 하나 크기 정도 더 큰 것에 불과했다"며 "비서도 없애고 원활한 소통이 이뤄질 수 있도록 주변 환경을 싹 정리했다"고 설명했다.

으리으리한 집무실에서 부하 직원이 위축돼 직언을 하지 못할 것을 염려한 행동이다. 권위를 벗어던지려는 의도적인 노력이 필요하다는 지적이다.

이를 위해서는 제도적인 노력도 뒷받침돼야 한다고 그는 덧붙였다. 그는 "직장 상사들의 갑질은 권력에서 나오기 마련"이라며 "근무·인사 평가를 할 때 '360도 평가'를 도입해 의도적인 힘 빼기를 할 필요도 있어 보인다"고 설명했다.

진상 손님은 거부합니다

wwwww

'손님은 왕'이라는 대중 소비 시대의 금과옥조에 반기를 든 이단아가 있다. 그는 "손님도 손님 나름"이라고 과감히 말한다. 일부 고객들의 무분별한 갑질로부터 직원들을 보호하기 위해 2015년에는 '갑질 손님 거부'라는 발칙한(?) 모험을 하기도 했다.

주인공은 프랜차이즈 성공 신화로 유명한 재미 사업가 김승호 짐킴 홀딩스 회장이다. 그는 2015년 말께 한국에서 운영 중인 도시락 전문 업체 스노우폭스코리아의 국내 여섯 개 매장 현관에 '공정거래서비스 안내'라는 제목으로 안내문을 써 붙였다. 그가 직접 작성한 안내문에는 '직원에게 무례한 행동을 하시면 고객을 내보내겠습니다'라는 내용이 포함돼 있었다.

2015년 여름 한 매장에서 팔고 남은 음식을 공짜로 달라는 한 여성 고객의 요구를 점원이 거절하면서 고성이 오가는 일이 있었다. 나이가 많았던 여성 고객이 점원에게 말을 함부로 하면서 행패를 부린 게 안내문을 써 붙인 계기가 됐다.

반응은 뜨거웠다. 동일한 안내문을 게재한 본인 페이스북에 하루 만에 7만 개의 '좋아요'가 클릭됐다. 주요 언론 매체도 화제의 인물로 그를 주목했다.

김 회장은 서비스의 기본 개념을 '등가교환'이라고 설명했다. "재화와 서비스는 서로 동등하게 교환된다"는 것이다. 그는 "손님이 우리를 먹여 살리거나 우리가 손님의 돈을 착취하는 것이 아니다"며 "손님에게는 물론 최선의 서비스를 제공해야 하지만, 무례한 손님에게까지 과잉 친절을 베풀 필요가 없다"고 지적했다.

그는 미국에서 11년째 사업을 하고 있다. 미국과 유럽 등지에서 1,200여 개 도시락 프랜차이즈 가맹점을 운영하고 있다. 김 회장은 "사장은 무례한 고객으로부터 종업원을 보호하는 게 상식인데 한국은 점원들에게 과잉 친절을 지나치게 강요한다"고 지적했다.

그의 모험은 성공적이었다. 그는 "안내문을 내건 이후 되레 점원들이 더욱 친절하게 손님을 응대한다"며 "사장이 자신을 보호해 준다고 생각하니 서비스에 더 애착을 보이더라"고 했다. 김 회장은 "아랫사람을 존중하고 관용을 베푸는 것은 윗사람의 의무이며 책임이다. 누구든 언제나 갑일 수 없다. 관용과 인간 존중이야말로 자신을 비롯한 모든 이에게 이익을 가져올 수 있는 방법"이라고 강조했다.

2적_폐

부실한 사후평가

蔽

덮을 폐

蔽 1993년 서해훼리호 침몰, 1994년 성수대교 붕괴, 1995년 삼풍백화점 붕괴에 이르기까지 3년 동안 끊이지 않고 매년 일어났던 대형 참사들은 부실시공이나 과잉 적재가 낳은 인재(人災)였다. 사고가 있을 때마다 정부는 관련 공무원이나 기업을 문책했고 다시는 이런 일이 없도록 엄중한 사후평가와 관리를 하겠노라고 국민에게 약속했다.

하지만 정부의 약속은 지켜지지 않았다. 1999년 경기도 화성시 씨랜드청소년수련원에서 화재가 발생해 유치원생들이 숨졌고 2014년에는 경주 마우나오션리조트가 폭설에 붕괴되며 수십 명의 대학생들이 사망하거나 다쳤다. 같은 해에는 사상 최악의 인재로 꼽히는 세월호 참사가 터졌다. 이듬해에는 판교테크노밸리의 한 건물 환풍구가 무너지면서 공연을 관람하기 위해 올라가 있던 사람 수십 명이 사망했다. 이들 참사 역시 부실시공, 허술한 안전 관리, 안전불감증이 낳은 인재였다. 20년이 지나도록 하나도 달라진 것이 없었다. 취재진은 가장 최근의 대형 참사였던 판교 환풍구 붕괴 사고 이후 사후평가 및 관리가 얼마나 잘 이뤄지고 있는지 진단해 봤다. 판교 사고 이후 서울시를 비롯한 각 지자체에서 대대적인 환풍구 안전 진단이 이뤄졌고 "더 이상의 판교 사고는 없다"고 호언장담했다. 하지만 실제 현장의 안전 관리는 여전히 허점투성이였다. 부실한 사후관리보다 더 문제는 현상을 바라보는 담당 공무원들의 태도였다. 취재진의 문제 제기에도 "올해 중 고칠 예정"이라는 식의 안일한 답변만 늘어놨다.

많은 전문가들이 부실한 사후평가의 원인으로 공무원들의 '보신주의'를 꼽는다. 공무원이라면 누구나 현재 대한민국 운영 시스템에 문제가 있다는 것을 안다. 하지만 어느 누구도 책임지고 근본부터 문제를 해결하려 들지 않는다. 괜히 나섰다간 나중에 '꼬리 자르기' 당할 명분만 제공하는 것이라는 인식이 팽배해 있다. 사고가 나면 책임이 있는 사람만 문책하고 당장 뭔가 하는 것처럼 요란을 떤다. 그러다가 여론이 잠잠해지면 다시 '아무것도 하지 않는' 본연의 모습으로 돌아간다.

명동 지하철역 환풍구
이미 붕괴되고 있다

2016년 3월 16일 오후 서울 지하철 4호선 명동역 9번 출구와 10번 출구 사이 4-99번 환풍구. 환풍구 안전 점검을 나선 취재진의 눈에 격자무늬로 연결된 철제 덮개 연결부 중 일부가 끊어져 있는 것이 목격됐다. 끊어지면서 생긴 틈은 1cm도 되지 않았지만 동행했던 전문가들 얼굴은 사색이 됐다.

안양환 한국건설관리공사 기획실장은 "덮개 철판을 격자무늬로 연결한 것은 하중을 분산하기 위한 것인데 파손이 생기면 그쪽으로 하중이 집중된다"며 "이미 붕괴가 시작된 것"이라는 충격적 진단을 내렸다.

서울시 기준에 따르면 보도에 자리한 환풍구는 ㎡당 500kg의 하중을 버텨야 하는데 이 환풍구는 그 절반도 못 버틴다는 것이 전문가들 견해였다.

> 판교테크노밸리 환풍구 붕괴, 세월호 참사…
> 부실시공이나 과잉적재가 낳은 인재(人災)였다.

전문가들이 환풍구를 점검하고 있다. 왼쪽부터 김병철 한국건설관리공사 대외협력팀장, 안양환 한국건설관리공사 기획실장, 안무영 한국건설안전협회 회장, 최호태 한국건설관리공사 기술연구소 팀장

이곳은 덮개 일부가 끊어졌을 뿐 아니라 덮개가 다른 곳처럼 수직으로 서 있지 않고 비스듬했다. 전문가들에 따르면 이 덮개는 빗물이 들이치는 걸 막기 위한 벽면용 제품이다.

최호태 한국건설관리공사 기술연구소 팀장은 "하중을 견디기 위한 바닥용으로는 부적합한 제품을 임의 시공했다"며 "강도는 바닥용 규격품의 절반 이하일 것"이라고 말했다.

운영 주체인 서울메트로에 따르면 이 환풍구는 모터로 바람을 뽑아서 배출하는 강제배기식 환풍구다. 수직으로 바람이 올라오면 보행자에게 불편을 줄 수 있어 바람을 차도 쪽으로 배출하려고 비스듬한 형태의 덮개를 사용했다는 것이다. 이런 사정을 아는지 모르는지 시민들은 수시로 환풍구 위를 지나다녔고 그때마다 환풍구는 흔들거렸다.

불과 1년 5개월 전 일이다. 2014년 10월 경기도 성남시 판교테크노밸리의 환풍구가 붕괴되면서 환풍구 위에 올라서 있던 27명이 사망하거나 다쳤다. 이 사고 이후 정부와 지방자치단체들은 앞다퉈 환풍구 안전 실태를 점검했고 "더 이상 환풍구 붕괴 사고는 없다"고 자신했다.

하지만 취재진이 직접 확인한 지하철 환풍구는 여전히 위험했다. 덮개가 파손된 환풍구는 하루 유동 인구 200만 명이 넘는 명동 중에서도 외국인 관광객이 몰리는 호텔 밀집 지역에 있다.

이처럼 환풍구가 파손된 채 방치되고 있지만 서울메트로 관계자는 "덮개가 기울어졌지만 내구성에는 별 차이가 없는 것으로 안다"며 "해당 환풍구는 올해 보수 계획에 포함돼 있다"는 안일한 답변만 내놨다.

서울시는 2014년 판교 사고 이후 지하철 환풍구 2,809개소에 대

서울시 지하철 환풍구 사후관리

점검 개소	보완 요망	보완 완료	경미한 보수 진행 중
2,809개	706개	441개	265개

*2016년 3월 9일 기준   자료: 서울시, 김태원 새누리당 의원

한 안전 점검을 진행했고 이 중 706개가 보완이 필요한 것으로 판단했다. 새누리당 김태원 의원실을 통해 확인한 서울시 내부조사에 따르면 2016년 3월 9일 기준으로 보수가 필요한 지하철 환풍구 706개 중 441개에 대한 보완을 완료했고 나머지 265개는 보수를 진행 중이다. 하지만 이 265개는 '경미한' 보수가 필요한 것들로 분류됐다. 이미 붕괴되고 있는 환풍구를 경미한 보수 대상으로 판단한 것이다.

대형 참사가 발생하면 사고재발방지대책 마련으로 요란하지만 그때뿐이다. 과거 기억은 희미해지고 안전에 대한 '건망증'은 국민을 다시 위험에 몰아넣고 있다.

충격적인
환풍구 안전진단 결과

〰〰〰

　판교 환풍구 추락사고 이후 환풍구는 얼마나 안전해졌을까. 이를 알아보기 위해 매일경제 취재진이 실시한 안전진단 결과는 충격적이었다. 집중적으로 점검한 서울 명동역, 충무로역 인근 환풍구 가운데 규정대로 하중 지지대가 설치된 곳은 거의 없었고 일부는 규격에 맞지 않는 덮개를 쓰고 있었다. 안전진단에는 안무영 한국건설안전협회 회장과 한국건설관리공사의 안양환 기획실장, 최호태 기술연구소 팀장, 김병철 대외협력팀장이 동행했다.

　충무로역 4번 출구 앞 4-95번 환풍구는 겉보기엔 멀쩡했지만 속에 문제가 있었다. 이 환풍구는 지상 약 30cm 높이로 턱을 만들고 그 위에 덮개가 놓인 구조였는데 하중을 분산하기 위해 환풍구 중앙으로 쌓아올린 일자형 콘크리트 지지대와 덮개 사이에 턱 높이 정도 빈 공간이 있었다. 지지대가 있지만 지지를 받아야 할 덮개는 공중에 떠 있는 상태였다. 보행자 진입을 차단하기 위한 경고 문구도 없었다. '담배꽁초 투기 금지' 표지만 있었다. 덮개 위에서 제자리 뛰기를 해 봤더니 바로 옆 환풍구보다 심하게 흔들렸다.

　안무영 회장은 "처음에 보도 높이로 시공했다가 추후 턱을 만들면서 지지대는 높이지 않고 놔둔 것으로 추정된다"며 "지지대가 없으면 버틸 수 있는 하중이 정상 시공에 비해 4분의 1 수준으로 낮아진다"고 설명했다.

안양환 실장은 "턱이 있다고 사람들이 지나다니지 않을 것으로 판단하는 것은 안전의 관점에서는 굉장히 위험한 발상"이라며 "대규모 집회나 선거유세 등 사람이 몰리는 상황이 생기면 안전을 보장할 수 없다"고 말했다. 게다가 이 환풍구는 돌로 된 턱 상판이 들썩거려 잘못 밟으면 균형을 잃고 넘어질 것 같았다. 서울시 안전기준에 따르면 보도에 지면형으로 설치된 환풍구는 환풍구를 제외하고 너비 2m 이상 보행로가 확보된다면 환풍구에 안전난간 등 접근 차단시설을 설치하도록 권고하고 있다. 가까운 3호선 약수역만 해도 환풍구 둘레에 유리 차단벽이 설치돼 있다. 4-95번 환풍구도 옆에 충분한 공간이 있었지만 차단시설은 없었다.

고층 빌딩이나 오피스텔 등 소유 주체가 민간인 건축물 환풍구는 더 큰 문제다. 안전조치는커녕 현황 파악조차 제대로 되지 않기 때문이다. 서울시가 2014년 판교 사고 이후 실시한 안전점검에 포함된 일반건축물 환풍구는 1만 6,053개. 이 중 597개에 대해 보완이 필요하다고 판단했고 2016년 3월 9일 기준 588건에 대한 보완이 완료됐다. 하지만 이 보완이 충분히 안전한 수준의 보완일 것이라 기대하기는 어렵다.

김태원 새누리당 의원 측은 "민간 건축물 환풍구 유지보수에 정부나 지자체 예산을 투입할 수도 없고, 보수를 강제할 법적 근거도 없다"며 "보완 조치라는 것도 '출입 금지' 팻말을 붙이는 수준"이라고 전했다.

취재팀은 판교 테크노밸리 주변 환풍구들도 점검했다. 사고가 발생한 환풍구는 증거 보존을 위해 약 2m 높이의 차단벽이 둘러쳐져 있었다. 인근 환풍구들도 나무, 유리 등 다양한 소재의 차단벽이 세워져 있었다. 하지만 펜스만 세워졌을 뿐 환풍구 덮개에 대한 보강공사는 거의 이뤄지지 않았다. 펜스 중 일부는 높이가 1m 정도로 마음만 먹으면 누구나 넘어갈 수 있었다.

과거 추락 사고가 발생한 가장 큰 원인은 덮개를 콘크리트에 얹지 않고 볼트로 지지구를 벽면에 고정한 후 그 위에 덮개를 얹었기 때문이다. 이런 시공 방식으로는 사람이 지나다니지 않는 환풍구의 하중 기준인 ㎡당 100kg도 충족하지 못한다. 큰 행사가 열리고 안전통제가 제대로 안 돼 사람들이 펜스를 넘어 환풍구에 올라서는 상황이 생긴다면 과거 추락사고 때와 조건은 똑같아지는 셈이다.

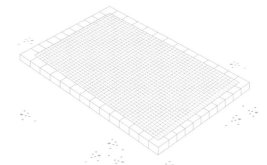

서울시 환풍구 설치 기준

- 원칙적으로 사람, 차량 접근이 어려운 위치에 설치. 보도에 설치할 경우 보도 폭 2m가 확보되면 접근 차단시설 설치.
- 탑형 또는 벽면형을 권장하되 지면형으로 설치할 경우 덮개 부분 지지대 등 안전시설 설치.
- 지면형 환풍구의 덮개는 1㎡당 500kg(성인 남성 7~8인 체중)의 무게를 지탱해야 하며 덮개 소재는 KS 규격품 재료 사용.

성남시 역시 2014년 판교 사고 이후 연면적 5,000㎡ 이상, 지하층 면적 1,000㎡ 이상인 건축물 460개소 환풍구 982개에 대한 안전점검을 실시했다. 점검 결과 380개 환풍구에 조치가 필요해 이들에 대한 조치를 마무리했다고 경기도에 보고했다. 하지만 후속 조치가 구체적으로 어떤 것인지 묻는 취재진의 질문에는 답하지 않았다. 국토교통부는 제2의 판교 사고를 막기 위해 환풍구 시공 가이드라인을 제정했다.

하지만 이 모든 규정은 신축 환풍구에만 적용될 뿐 기존 시설에는 적용되지 않는다. 안 회장은 "하루아침에 문제를 다 해결하려고 하다 보면 부실한 사후관리가 계속될 수밖에 없다"며 "시간이 좀 걸리더라도 전문가들로 전담팀을 꾸려 체계적 점검과 후속 조치를 해야 한다"고 말했다.

소 잃고도
외양간 못 고치는 정부

1953년 1월 9일 오후 10시께 부산 다대포 앞바다에서 150톤급 선박이 침몰했다. 배에 타고 있던 300여 명이 익사했다. 승객 수와 화물 중량은 기준을 초과해 있었고 유사시 사용해야 할 구명보트와 구명복은 본사 창고에 있었다. 대한민국 건국 이래 첫 대형 해상 참사로 꼽히는 창경호 침몰 사고다.

창경호 사고 이후 1970년 남영호, 1993년 서해훼리호 등 비슷한 해상 참사가 발생했다. 사고 이유는 같았다. 기준을 초과하는 승객과 화물이 배에 실렸고, 이를 감독해야 할 정부 부처는 손을 놓고 있었다.

부실한 사후대응은 결국 2014년 4월 사상 최악의 인재로 평가받는 세월호 참사를 야기했다. 세월호 역시 침몰 이유는 과거 세 번의 사고와 똑같았다.

물론 정부가 손을 놓고 있었던 것은 아니다. 창경호 사고 당시 김석관 당시 교통부 장관이 사퇴했으며 업체 직원 13명이 기소됐다. 남영호 사고 때도 교통부 장관, 해운항만청장을 포함해 관련 공무원 38명이 문책됐고 이 중 7명은 해임, 정직 등 중징계를 당했다. 세월호 참사 때는 해양경찰청이 해체되고 국민안전처가 신설됐다.

이 같은 조치에도 불구하고 사고가 이어지는 이유는 무엇일까.

이재열 서울대 사회학과 교수는 조직학습이론에서 해법을 찾을 수 있다고 조언했다. 조직학습이론에는 '단일순환학습'과 '이중순환학습'이라는 개념이 있다. 대형 참사처럼 시스템 실패를 경험했을 때 단일순환학습은 기존 시스템을 유지한 채 외부 요인을 바꾸는 것이다. 대표적인 예가 정부 부처의 간판을 바꾸고 책임자를 처벌하는 것이다. 반면 이중순환학습은 시스템 실패의 근본적 원인을 내부에서 찾는 방식이다. 책임자를 처벌하면 관행이 개선될지, 현장 담당자에게 권한 위임이 안 돼 있는 것은 아닌지 등을 고려하는 접근법이다.

이 교수는 2001년 9·11테러 이후 미국에서 진행됐던 진상 조사가 대표적인 이중순환학습 사례라고 소개했다. 9·11테러 이후 미국에서는 사고조사전문가, 항공기술자, 전직 FBI요원, 교수 등 80여 명으로 구성된 테러조사위원회가 발족했다. 위원회는 1년 9개월 동안 약 1,200명을 인터뷰하고 250만 쪽의 자료를 검토해 최종적으로 570쪽에 달하는 보고서를 내놨다. 이 교수는 "60년간 세 번의 시스템 실패를 겪고도 세월호 사태가 발생한 측면에서 우리 사회는 소를 잃고도 외양간을 고치지 못한 상태"라고 평가했다.

엉터리 수요예측으로
피 같은 세금만 줄줄

2016년 3월 18일 오전 10시께 서울 강남역에서 수원 광교역으로 가는 신분당선 열차. 6량짜리 열차 내에는 칸마다 30~40명의 승객이 자리를 채웠다.

하지만 2016년 1월 30일 개통한 신분당선 2차 구간의 시발점인 정자역에 도착하자 상황이 정반대가 됐다. 대다수 승객은 썰물 빠지듯 내렸고, 계속 열차를 타고 가는 사람은 전체 열차를 통틀어 50명도 채 되지 않았다. 종점인 광교역에 다다를 때는 객실 내에 사람을 찾아보기 힘들 정도였다.

광교역 인근 경기대 학생인 양 모 씨는 "정자동에 있는 집에서 버스와 신분당선을 타고 학교까지 가면 하루 평균 왕복 교통비만 5,000원

텅 빈 신분당선

비합리적인 수요예측에 따른 흥행 참패.
부실한 사후평가로 인한 구태 답습의 악순환으로
사회간접자본산업의 생태계마저 어그러지고 있다.

가량 든다"며 "비싼 가격 때문인지 새로 연장된 구간은 거의 매일 텅 빈 상태로 전철이 오간다"고 말했다.

신분당선 2차 구간은 당초 하루 평균 16만 6,000명의 승객이 이용할 것으로 전망됐다. 하지만 2개월가량 운행 실적을 보면 일평균 이용객은 4만 8,000여 명에 그친다. 당초 예상치의 30% 수준이다. 평일 출퇴근 시간을 제외하고는 거의 빈 차로 운행되는 셈이다.

흥행 실패는 강남~정자를 잇는 기존 신분당선 1차 구간도 마찬가지다. 2012년 개통을 앞두고 한국교통연구원은 타당성 조사에서 신분당선 일일 이용객이 2012년 19만 명, 2013년 25만 명, 2014년 29만 명으로 늘어 2015년에는 30만 명에 달할 것으로 예측했다. 하지만 실제 이용객은 2012년 5만 7,000여 명, 2015년 12만여 명에 그쳤다. 신분당선 관계자에 따르면 2016년 들어 이용객이 17만여 명까지 늘었지만 예상치에 못 미치는 것은 매한가지다.

과거의 경험을 돌아보는 것은 오늘의 실패를 줄이는 지름길이지만 막대한 비용이 드는 사회간접자본SOC 투자 영역에서 제대로 된 사후평가는 이뤄지지 않았다. 비합리적인 수요예측에 따른 흥행 참패, 부실한 사후평가로 인한 구태 답습의 악순환으로 SOC산업 생태계마저 어그러지고 있다.

2013년 4월 개통한 용인경전철(기흥~에버랜드)은 교통 SOC 실패 사례로 가장 많이 언급되는 사업이다. 사업 추진 당시 하루 이용객이 16만 명에 달할 것이라는 예상과 달리 실제 이용객은 하루 8,000명 수준에 그쳐 2014년 530억 원의 적자를 냈다. 승객은 2015년 3만 명까지

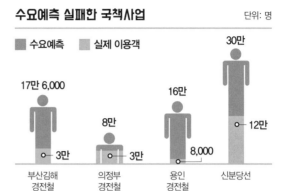

수요예측 실패한 국책사업 단위: 명

■ 수요예측　■ 실제 이용객

17만 6,000 — 부산김해 경전철 — 3만

8만 — 의정부 경전철 — 3만

16만 — 용인 경전철 — 8,000

30만 — 신분당선 — 12만

늘었지만 아직 목표치에는 턱없이 부족하다.

2012년 7월 개통된 의정부경전철(발곡~탑석) 역시 일일 이용객은 3만 명으로 예측치 8만 명에 크게 못 미친다. 이보다 앞서 2011년 9월 개통한 부산김해경전철도 일평균 17만 6,000여 명의 이용객을 예상했지만 실제 이용객은 3만 명에 불과하다.

한국개발연구원KDI 공공투자센터가 2009년 실시한 성남경전철 민간투자사업 타당성 조사도 대표적인 실패 사례다. KDI 공공투자센터는 당시 판교테크노밸리 내 직장인 수를 산정하면서 경기도개발연구원에서 내놓은 보수적 추정치 8만 명 대신 수도권교통본부 자료를 활용해 15만 넁으로 예측했다.

SOC사업이 제대로 운영되지 않으면 기반 시설에 투입한 국가 재정이 낭비된다. 혈세가 새는 것이다. 신분당선 연장 구간은 사업비 1조 5,343억 원 중 7,522억 원이 민간투자였으며 나머지 7,821억 원은 광교 신도시 개발부담금 4,519억 원, 국비 2,476억 원, 도 및 시 비 826억 원 등 공공재정으로 조달됐다.

운행 과정에서 발생하는 수익이 예측치보다 낮을 경우 손실을 보전받을 수 있는 '최소운임수익보장(MRG)' 제도가 2009년 폐지되면서 신분당선 2차 구간은 적자를 면하기 위해 일반 지하철과 광역버스에 비해 비싼 요금(강남역~광교역 기준 2,950원)을 받고 있다.

하지만 적자를 메우려 높인 운임 때문에 이용객은 늘지 않고, 이용객이 늘지 않으니 요금을 낮출 수 없는 구조다.

이용객이 획기적으로 늘어날 가능성도 낮다. 신분당선 2차 구간은 광교신도시와 서울을 오가는 직장인들을 겨냥해 만든 철도다. 광교신도시는 2012년부터 본격적으로 입주가 시작됐으며 2016년 3월 기준 분양물량의 90% 이상 입주가 완료된 것으로 부동산업계는 보고 있다.

결국 사업이 정상 궤도에 오르지 못하면 수천억 원의 국가 재정도 묻히는 셈이다. 최승섭 경제정의실천시민연합 국책사업감시단 부장은 "막대한 국가 예산이 투입되는 사업일수록 보수적으로 사업 타당성을 평가해야 하는데 일부 기관들의 경우 번번이 수요예측에 실패하고도 아무런 책임을 지지 않는 상황"이라고 지적했다.

잘못된 수요예측으로 피해를 본 민간사업자와 정부 간 갈등도 불붙고 있다. 신분당선 1차 구간 사업자 신분당선㈜는 국토교통부를 상대로 2014년 12월 136억 원 규모 손실보상금 청구소송을 제기했으며, 2015년 5월에는 1,021억 원 규모 신분당선 실시협약 변경 조정신청 소송을 냈다. 국토부 관계자는 "신분당선 수요예측과 실제가 차이 나는 이유에 대해 별도로 분석은 하지 않고 있다"고 말했다.

굵직한 도시전철사업이 대부분 잘못된 수요예측으로 죽을 쑤고 있는 가운데 곳곳에서 유사한 사업이 추진돼 타당성 평가의 적정성 논란은 계속될 것으로 보인다.

신분당선 2차 구간 외에도 2016년 2월 27일 송도~인천 수인선이 운행을 시작했고 성남여주복선전철, 인천지하철 2호선, 수서발 고속철도 등이 줄줄이 개통된다. 서울시는 향후 10년간 8조 7,000억 원을 들여 열 개 노선의 경전철을 추가할 예정이다.

박용석 건설산업연구원 산업정책연구실장은 "최근 MRG가 폐지돼 사업자들이 수요추정을 보수적으로 하는 경향이 강해진 만큼 과거와 다른 양상이 나타날 것"이라고 말했다.

부실한 후속 관리에 몸살 앓는 자전거도로

서울역에서 숭례문으로 향하는 세종대로 초입에는 누구도 신경 쓰지 않는 도로교통 표시가 있다. 왕복 10차선 맨 가장자리 도로 위에 자전거 마크와 함께 적힌 '자전거우선도로' 표시다. '자전거이용활성화에 관한 법률'에 따르면 이곳은 차보다 자전거가 통행 우선권을 갖는다. 하지만 마음 놓고 이곳을 달릴 만큼 간 큰 자전거 운전자는 없다.

2016년 3월 22일 오후 찾은 세종대로 자전거우선도로는 택시와 버

자전거도로 종류 및 현황

종류	서울시 도로 현황	내용
자전거전용도로	71개 노선 71.6km	자전거만 통행할 수 있도록 분리대, 경계석, 그 밖의 유사한 시설물에 의해 차도, 보도와 구분해 설치한 자전거도로
자전거·보행자 겸용도로	251개 노선 352.9km	자전거 외에 보행자도 통행할 수 있도록 분리대, 경계석, 그 밖의 유사한 시설물에 의해 차도와 구분하거나 별도로 설치한 자전거도로
자전거전용차로	89개 노선 51.8km	차도의 일정 부분을 자전거만 통행하도록 차선 및 안전표지나 노면표시로 다른 차가 통행하는 차로와 구분한 차로
자전거우선도로	56개 노선 49.7km	자동차 통행량이 대통령령으로 정한 기준보다 적은 도로의 일부 구간 및 차로를 정해 자전거와 다른 차가 상호 안전하게 통행할 수 있도록 도로에 노면표시로 설치한 자전거도로

자료: 서울시, '자전거이용활성화에 관한 법률'

스, 오토바이가 점령한 상태였다. 극소수의 자전거 운전자들은 아예 인도로 달리는 편을 택하거나, 밀려드는 차량들 옆 도로 끝자락에서 가다 서다를 반복하며 위태롭게 이동하고 있었다. 자전거가 없는 상태에서도 바깥쪽 차선을 이용하려는 차량들이 끼어들기를 시도하는 경우가 빈번하게 목격됐다. 덩치 큰 버스들은 도로변에 위치한 버스정류장에 서기 위해 무리하게 차선 변경을 시도하는 일이 많았다. 인도에서 자전거를 타던 인근 상인 전 모 씨는 "세종대로에서 통일로로 빠지는 이 구간 자전거우선도로는 우회전할 수 있는 유일한 도로"라며 "차들도 제대로 달리기 힘든 곳인데 맨몸에 자전거로 달릴 만큼 간이 큰 사람이 어디 있겠느냐"고 목소리를 높였다.

이른바 '자전거 인구 1,200만 시대'다. 확 늘어난 자전거의 인기와 수요에 정부와 지자체들은 '자전거가 안전하고 편안하게 달릴 수 있는 도시를 만들겠다'며 각종 정책을 쏟아 내고 있다.

가장 대표적인 게 바로 자전거도로 확충이다. 하지만 너 나 할 것 없이 눈에 보이는 도로 늘리기에만 치중하다 보니 정작 만들어 놓은 도로를 관리하는 사후행정은 기대치를 밑돌고 있다는 지적이다.

이날 찾은 서울역 주변에선 도로 위 표시를 제외하면 자전거우선도로라는 것을 알리는 표지판도, 관리하는 인력도 찾아볼 수 없었다. 인근에서 교통정리를 하던 모범운전자회 관계자는 자전거우선도로 준수 분위기를 묻는 질문에 "잘 모르겠다"고 손사래를 치며 "차들도 정리가 힘든데 이런 곳에 자전거가 어떻게 다니느냐. 자전거는 인도로 달리면 되는 것 아니냐"고 오히려 반문하기도 했다.

자전거도로를 차도처럼 쓰는 얌체 차량들도 곳곳에서 활보하고 있었다. 이날 정오께 확인한 여의도 일대 자전거전용도로의 상태는 처참한 수준이었다. 대로변 자전거도로는 유동인구가 많은 교차로 코너를 중심으로 불법 주정차한 택시, 승용차들 때문에 흐름이 끊겨 있었다. 실제 한 자전거 운전자가 자전거전용도로를 따라 우회전을 하려다 길을 막은 택시들을 맞닥뜨리면서 차도 방향으로 급격히 핸들을 꺾는 위험한 모습도 발견됐다.

일부 자전거전용도로는 주황색 봉 형태의 통행금지 장애물을 세워 차량 통행을 막았지만 그마저도 일대 오피스 빌딩을 오가는 퀵서비스 오토바이가 지름길로 사용하기 일쑤였다. 식당 등이 자리한 이면도로의 자전거전용도로는 점심시간 불법 주차한 차들로 주차장을 방불케 했다. 서울시가 2015년 10월부터 자전거교통순찰대까지 창설해 불법 주정차 등 위반 행위를 단속하고 있지만 여전히 단속의 눈을 피해 법규를 어기는 경우가 빈번했다.

이 같은 관리 사각지대 속에서 자전거 사고는 꾸준히 늘어나는 추세다. 경찰청에 따르면 2011년 기준 9,474건이었던 전국 자전거 피해 사고 건수는 2015년 1만 1,390건으로 확 늘었다. 자전거 가해 사고 역시 같은 기간 2,883건에서 6,920건으로 증가했다.

만든 지 오래된 자전거도로가 형체를 알아보기 힘들 정도로 훼손돼 방치되는 경우도 문제다. 기반 시설을 관리해야 할 시·구청 등 지자체가 예산과 인력 부족을 이유로 손을 놓기 때문에 발생하는 일이다. 금천구청역 주변부터 여의도공원까지 자전거로 자주 오간다는 자전거 동호회 회장 윤완남 씨는 "자전거도로가 예전보다 늘어난 것은 사실이지만 다들 매년 새로 생기는 곳만 신경 쓸 뿐"이라며 "기존 도로는 칠이 다 벗겨지고 포장이 엉망이 됐는데도 페인트만 대충 칠하고 방치하는 경우가 많아 사고가 날까 봐 늘 조마조마하다"고 밝혔다.

2016년 3월 기준 서울시 내 자전거도로는 총 482개 노선, 784.1km에 달한다. 이 중 하천변과 공원 등을 제외한 도심 도로변 자전거도로만 417개 노선, 526km다. 서울시도 이들 도로의 사후관리 부족 문제를 인식하고 2012년부터 자전거도로 유지·보수 및 교통관리 강도를 꾸준히 높이고 있다. 서울시 관계자는 "2018년을 목표로 포장 개선 등 각 자전거도로에 대해 순차적인 유지·보수작업을 마치고 불법 주정차, 도로 침범 등에 대한 단속도 계속 강화할 방침"이라며 "기존 도로 관리를 강화하면서 신규 도시개발사업 지역, 재건축 단지 등에서 선보인 '보도높이형 자전거전용도로' 등 새로운 시스템을 적극 확산하는 방안도 추진 중"이라고 말했다.

사후평가의 핵심은
올바른 책임 묻기

〰〰〰

"결국 책임의 문제입니다. 문제가 생기면 사업 추진 당사자에게 책임을 물어야 하는데 언제나 꼬리만 자르고 머리는 그대로 남겨 두니까 실수가 반복되죠."

대형 국책사업은 적게는 수천억, 많게는 수조 원의 혈세를 먹고 자라는 거대한 나무다. 철저한 계획을 세워야 하는 것은 물론, 막대한 예산과 사업의 파급력 등을 감안해 사업의 성패를 면밀하게 살펴 공과를 따져 보는 것이 필수다.

2016년 3월 24일 〈매일경제〉와 인터뷰한 신영철 경제정의실천시민연합 국책사업감시단장은 "4대강 사업, 무리한 전철 사업 등 잘못된 국책사업으로 피 같은 세금이 줄줄 새고 있는데 누구도 제대로 책임을 진 사람이 없다"며 책임을 제대로 묻는 사회적 분위기가 형성돼야 한다고 강조했다.

그는 "사고가 나거나 문제가 있으면 정작 사업을 주도한 고위 공직자나 정치가들은 절차상 하자가 없다는 식으로 모두 빠져나가고 중간 관리자나 말단 직원들에게 모든 책임이 전가된다"며 "실권을 가지고 사업을 추진한 사람, 사업을 진행한 실질적인 주체에게 직접 책임을 지게 해야 한다"고 꼬집었다.

신 단장은 인기영합적으로 국책사업을 추진하는 정치가, 무사안일주의에 빠진 공무원, 영혼 없이 기계적으로 사업 타당성을 평가하는 전문기관 등이 한데 맞물려 고착화한 상태라고 진단했다. 그는 "책임지는 문화가 정착되면 이 같은 연결고리의 결속력도 약해지고, 각자 자신이 맡은 일을 더 철저히 할 수밖에 없다"며 "올바른 사후평가의 핵심은 결국 올바른 책임 묻기"라고 말했다.

그는 또 "시민단체 등이 전문성을 더욱 높여 국책사업에 대한 감시 기능을 높여야 한다"며 "국민들도 국책사업의 효과를 스스로 따져 보고 잘못된 사업의 책임자들이 다시금 발붙일 수 없도록 노력해야 한다"고 당부했다.

신 단장은 궁극적으로는 철저한 사전평가 체계를 마련하는 것이 중요하다고 강조했다. 그는 "전문가들이 전담할 국책사업을 비전문가인 정치가들이 좌지우지하면서 정작 임기가 끝나면 나몰라라 하는 경우가 많다"며 "어떤 사업을 시작하기 전에 철저한 검증부터 선행돼야 실수를 반복하지 않을 수 있을 것"이라고 말했다.

| 제3장 |

3적_일

만연한 안전불감증

편안할 일

逸

逸

안전한 일상은 계속되지 않는다. 아흔아홉 번 아무 일이 없었더라도 한 번 사고가 발생했을 때 제대로 대처하지 못하면 소중한 생명과 재산을 지킬 수 없다.

2015년 전국에서 발생한 4만 4,432건의 화재 중 53%(2만 3,516건)가 부주의, 즉 안전불감증으로 인해 발생했다. 특히 제때 작동하기만 해도 인명 피해를 최소한으로 줄일 수 있는 화재감지기가 제대로 작동하지 않아 발생한 화재 사고가 태반이었다. 2016년 1월 한국소방산업기술원의 연구용역보고서에 따르면 화재감지기 미작동 건수는 2014년 한 해만도 156건으로 4년 사이 50% 가까이 증가했다.

기획취재팀이 서울 일대 상업·업무용 건물들을 조사한 결과 고장이 아니더라도 감지기의 잦은 오작동 때문에 경보벨로 이어지는 신호를 차단해 놓는 경우도 많았다. 화재가 감지된 곳으로 사람을 보내 불이 났는지 확인하고 나서야 경보를 울리는 식이다. 비상계단에 각종 자재들을 쌓아 놓거나, 옥상 비상구를 안전사고 방지나 관리상의 편의를 위해 잠가 놓는 등 비상대피로를 무용지물로 만드는 일도 다반사였다.

〈매일경제〉는 보행 중 스마트폰 사용으로 인해 발생하는 교통사고, 이른바 '스마트폰 좀비'에 주목했다. 스마트폰 화면만 바라보며 도로에서 불쑥 튀어나오는 보행자 때문에 가슴을 쓸어내린 적이 있는 독자들의 많은 공감을 얻었다. 2015년 현대해상이 접수한 보행자 교통사고 2만 2,522건 중 스마트폰 관련 사고는 1,360건에 달했다. 2009년부터 2015년까지 6년 새 보행자 교통사고는 거의 변화가 없는 반면 스마트폰 관련 사고는 3.1배 늘어났다.

도로교통공단 실험에 따르면 스마트폰을 사용하며 걷는 보행자 20명 중 3명은 5m 거리에 있는 자동차 경적 소리를 전혀 알아채지 못했고, 6명은 경적을 듣고도 자신과 무관하다고 생각해 별다른 반응을 보이지 않았다. 통계자료와 보고서 등을 통해 '스마트폰 좀비' 교통사고의 위험성이 증명됐지만 스마트폰 보급 대수가 4,000만 대를 돌파한 우리나라에서는 별다른 대책이 나오지 않고 있다. 전문가들은 무엇보다 보행자가 달라져야 한다고 입을 모았다.

스마트폰 보행 사고
보행자 과실 100% 판결

A씨는 2015년 12월 27일만 생각하면 아직도 아찔하다. 그날 밤 10시께 경남 거제시에서 가조도와 성포마을을 잇는 가조연륙교를 향해 차를 몰고 가던 A씨. 100m 앞에서 보행자 이 모 군을 발견한 그는 경적을 울리며 오른쪽으로 핸들을 틀어 이 군을 피하려고 했다. 그런데 이 군은 차량을 피해 물러서기는커녕 오히려 앞으로 뛰어들어 차량과 부딪히고 말았다. 알고 보니 휴대폰을 보고 있던 이 군이 경적 소리에 놀라 자기도 모르게 차량 앞으로 뛰어든 것이었다. 다행히 크게 다친 사람은 없었지만 잘못하면 사망으로 이어질 수 있는 위험천만한 순간이었다.

스마트폰 가입자 4,000만 명 시대, 스마트폰이 '도로 위의 좀비'를 양산하고 있다. 걸으면서 스마트폰을 쓴 적이 있다는 시민이 95.7%에 달

“

스마트폰 가입자 4,000만 명 시대.
스마트폰이 '도로 위 좀비'를 양산하고 있다.

”

할 정도다. 교통안전공단과 현대해상화재보험의 스마트폰 이용 실태 조사에 따르면 스마트폰 때문에 '사고가 날 뻔했다'는 응답자도 23%에 달했다. 생활의 일부분이 된 스마트폰이 사람들을 안전불감증으로 몰아가고 있는 것이다.

2015년 현대해상이 접수한 보행자 교통사고 2만 2,522건 중 스마트폰 관련 사고는 1,360건에 달했다. 2009~2015년 6년 새 보행자 교통사고는 거의 변화가 없는 반면 스마트폰 관련 사고는 3.1배 늘어났다.

이수일 현대해상 교통기후환경연구소 박사는 "길에서 습관처럼 스마트폰을 보는 사례가 많아졌기 때문"이라며 "본인 과실에 의한 사고는, 보험 신청을 안 하거나 하더라도 스마트폰 사용 여부를 명시하는 경우가 없어 실제 사고 건수는 더 많을 것"이라고 말했다. 같은 조사에서 보행 중 스마트폰 사용은 사고 위험을 76%나 높이는 것으로 나타

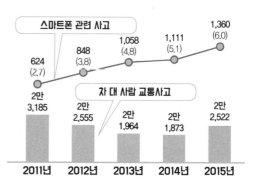

늘어나는 스마트폰 관련 사고 단위: 건

스마트폰 관련 사고

624 (2.7) 848 (3.8) 1,058 (4.8) 1,111 (5.1) 1,360 (6.0)

차 대 사람 교통사고

2만 3,185 2만 2,555 2만 1,964 2만 1,873 2만 2,522

2011년 2012년 2013년 2014년 2015년

*괄호 안은 사고 비율(%) 자료: 현대해상

났다.

2015년 보행 중 스마트폰·음향기기 사용에 관한 보고서를 낸 강수철 도로교통공단 연구원은 "스마트폰을 보며 걸으면 평소보다 속도가 떨어지고 신호에 따른 반응시간도 느려진다"며 "보행자는 자신이 딴짓을 하더라도 운전자가 피할 것으로 기대하지만 운전자 중 34%는 경적을 울리는 등 경고 없이 보행자 옆을 그냥 지나간다. 이 같은 인식의 차이가 사고로 이어질 수 있다"고 말했다.

스마트폰을 사용하며 걸으면 덜 보이고 덜 들려 사고 위험이 높아진다. 보행자가 주변 소리를 알아채는 거리 실험에서 평소에 14.4m에 달했던 거리는 애플리케이션이나 문자, 게임 등 스마트폰을 사용했을 때 절반으로 감소했다. 이어폰을 끼고 음악을 감상할 때에는 더 짧아졌다. 시속 30km의 속도로 주행하는 차량은 초당 8m가량 이동하는데, 스마트폰을 사용하면서 걷다 보면 달려오는 차량을 발견해도 피할 시간이 없다는 의미다. 특히 50~60대 이상일 경우 이 거리가 80%나 줄어 2.5m에 불과했다.

도로교통공단 실험에 따르면 스마트폰을 사용하며 걷는 보행자 20명 중 3명은 5m 거리에 있는 자동차 경적 소리를 전혀 알아채지 못했다. 강수철 연구원은 "실험 당시 경적의 평균 소음은 76dB데시벨로 공사장 소음보다 시끄러운 수준이었지만 3명은 아예 인지하지 못했고, 6명은 소리를 듣고도 자신과 관계없는 경적으로 판단해 반응을 보이지 않았다"고 말했다.

스마트폰을 사용하며 걸을 때는 시야도 좁아진다. 평소 시야각은

120~150도지만 스마트폰을 보면서 걸을 때는 10~20도로 줄어들게 된다. 눈을 가리고 걷는 것처럼 돌발 상황과 장애물에 대처할 수 없게 돼 사고로 이어진다.

일본 최대 통신사 NTT도코모는 시민 1,500명이 도쿄 시부야역 근처 횡단보도를 건너면서 스마트폰을 사용하는 상황을 가정해 컴퓨터 시뮬레이션으로 실험했다. 시부야역 인근 횡단보도는 신호가 한 번 바뀌면 1,500여 명 인파가 길을 건널 정도로 유동인구가 많은 곳이다. 실험 결과 446명이 부딪히고 103명이 넘어졌으며 3분의 1 정도만 신호가 바뀌기 전에 간신히 건널 수 있었다.

스마트폰을 보면서 걷다가 다른 보행자와 부딪히거나 계단을 헛디뎌 넘어지는 등 작은 사고는 물론이고 인명 사고로 이어지는 사례도 있다. 2015년 12월 미국 샌디에이고에서는 30대 남성이 스마트폰에 정신이 팔려 절벽에서 추락해 사망했고, 같은 달 중국 저장성 원저우 시에서는 한 20대 여성이 강에 빠져 숨지는 사건이 발생했다.

스마트폰 보행 사고에서 보행자 과실은 무거워지고 있다. 휴대전화 통화에 주의를 뺏겨 빨간불에 횡단보도를 건너다 교통사고를 당했다면 보행자 책임이 100%라는 법원 판결이 나오기도 했다.

2013년 서울 중구에서 교통사고를 당한 B씨의 요양급여를 내 준 국민건강보험공단이 사고 차량 운전자와 보험사를 상대로 B씨 치료비를 달라며 소송을 제기했지만 항소심에서 패소했다. 원래 횡단보도에서 사고가 나면 빨간불이더라도 30%가량 운전자 과실이 인정되지만 이번 건은 달랐다. 정체된 차량 뒤쪽으로 걸어 나오던 B씨가 통화를 하느라

1차로에 있는 차들이 속도를 내고 있다는 사실을 알아채지 못했기 때문이다.

보행자 교통사고는 보행자가 보호를 받는 게 일반적이지만 이번 판결에서처럼 과실 정도를 판단하는 패러다임이 바뀌고 있다.

법조계 관계자는 "스마트폰 사용 등 사고 원인이 전적으로 보행자 부주의에 있다고 본 이례적인 판결"이라고 분석했다. 이수일 박사는 "운전자가 보행자를 보호해야 한다는 전제하에 과실을 판단했던 추세에서 보행자가 위험을 자초했다는 점도 고려하는 쪽으로 바뀌고 있다"고 설명했다. 한 보험사 자동차 사고 소송담당 관계자는 "도로교통법에 스마트폰에 대한 기준이 명시돼 있지 않아 과실 책임을 놓고 공방이 많다"면서도 "스마트폰을 보면서 걷다가 발생한 사고에 대해서는 보행자 쪽에 5~10% 과실이 더해진다"고 전했다.

세계는 지금
'스마트폰 좀비'와 전쟁 중

스마트폰 사용으로 인한 사고는 비단 한국만의 문제가 아니다. 세계 각지에서 '스마트폰 좀비'를 막기 위한 아이디어와 정책을 내놓고 있다.

2016년 3월 28일 미국 뉴저지 주의 패멀라 램피트 하원의원은 공공도로를 걷거나 자전거를 탄 상태에서 스마트폰을 사용하면 처벌하는 법안을 제출했다. 법안이 통과되면 위반한 사람에 대해 최대 50달러의 벌금을 물리거나 15일간 구금시킬 수 있게 된다.

뉴저지 주 포트리 시 당국은 2012년부터 보행 중 스마트폰 사용 규제 조례를 통해 85달러의 벌금을 물리고 있다. 스웨덴 스톡홀름 시내에는 '보행 중 스마트폰 사용 금지' 표지판이 등장했다. 미국 뉴욕에서는 횡단보도에 '앞을 봐요!Look!'라는 표시를 새겨 놓기도 했다.

일본에서도 관련 사고가 이어져 '스마트폰을 조작하면서 걷는 것'을 뜻하는 신조어 '아루키스마호歩きスマホ'가 생겨날 정도다. 철도회사와 자치단체, 통신사들이 나서서 캠페인을 벌이고 있다.

2014년 NTT도코모와 소프트뱅크, KDDI 등 통신사들은 걸어가는 중에 스마트폰을 사용하면 이를 감지해 경고 화면을 표시하고 사용을 막는 애플리케이션을 개발했다. 인도에 '문자 보행로'를 표시한 곳도 있다. 벨기에 안트베르펜 시에서는 인파가 몰리는 지역 보도에 아예 문자 보행로를 그려 놓고 일반 보행자와 스마트폰 사용자가 서로 부딪히는 일이 없도록 유도했다. 이 같은 스마트폰 전용 보행도로는 미국 워싱턴DC와 중국 충칭에서도 채택하고 있다.

스마트폰 보행 사고에
대책 없는 한국

스마트폰으로 인한 보행자 교통사고가 늘고 있지만 별다른 대책은 나오지 않고 있다. 2015년 하태경 새누리당 의원은 국정감사를 통해 "최근 5년 새 20대 이하 보행 사고가 7,915건에서 1만 9,450건으로 증가했다"며 그 원인으로 스마트폰을 꼽았다. 그는 "조사 결과 10대, 20대 보행자의 45%가 일반보도에서, 24%가 횡단보도에서 스마트폰을 사용했다. 스마트폰이 보행 사고 주요 원인이지만, 교통안전공단은 2013년 위험성 연구만 실시했을 뿐 예방조치나 대책을 마련하지 못했다"고 꼬집었다.

전문가들도 "운전 중 휴대전화 사용이나 DMB 시청을 막는 법규처럼 운전자에 대한 규제만 있지 보행자에 대한 주의나 규제 움직임이 없는 것이 현실"이라고 지적한다. 장종욱 교통안전공단 미래교통전략처 선임연구원은 "횡단보도를 건널 때만이라도 스마트폰 사용을 금지하는 대책에 대해 내부적인 논의는 있었지만 개인의 사용을 제한하기는 어렵다는 의견이 많아 진전이 없었다"고 말했다. 강수철 도로교통공단 연구원은 "보행자 대상 설문에서도 스마트폰 사용이 위험하다는 데는 공감했지만 법적 제재에 대해서는 65%가 반대했다. 시민들에게 보행 중 스마트폰 사용의 위험성을 알리려는 노력이 필요하다"고 강조했다.

스마트폰 제조사를 중심으로 기업들이 사내 캠페인, 신제품 개발 등 다양한 방식으로 보행 안전에 관심을 기울이고 있기는 하다. 삼성전자는 보행 중 스마트폰 사용을 자제하자는 내용을 담은 '워크 스마트Walk Smart' 사내 안전문화 캠페인을 실시하고 있다. 사내 방송은 물론이고, 수원사업장 등 현장에도 홍보물을 설치했다. LG전자는 2014년 '아이디어LG' 공모전을 통해 선정된 '안전 이어폰' 아이디어를 다듬어 이어폰을 귀에서 빼거나 볼륨을 조절하지 않아도 주변 소리를 들을 수 있는 블루투스 헤드셋을 출시했다.

전문가들은 무엇보다 보행자가 달라져야 한다고 입을 모았다. 강수철 도로교통공단 연구원은 "횡단보도는 물론 주차장 진입로, 주택가 이면도로 등 차량이 오고가는 곳에서는 스마트폰 사용을 자제해야 한다"고 말했다. 이수일 박사는 "한 가지에 몰입하면 주변을 잘 살피지 않는 어린이의 경우, 일본처럼 걸으면서 스마트폰을 조작하면 경고 메시지를 화면에 띄우거나 아예 사용을 막는 애플리케이션을 만들어 배포하는 것도 대책이 될 수 있다"고 조언했다.

화재 탈출 시나리오로 본
'우리들의 착각'

〰〰〰

직장인 A씨가 사무실이 위치한 건물 내 화재사고에서 대피하는 상황을 시나리오 형식으로 재구성했다. 화재연감, 언론 보도와 논문에 나온 유사한 사고 상황을 참고했으며, 전문가의 자문을 받아 작성했다.

1. 화재경보 즉시 울리겠지

> 곧 점심시간. 어수선한 사무실에서 A씨는 매캐한 냄새를 맡았다. 옆자리에서 "어디서 불난 것 같은데"라는 말이 들렸다. 냄새만 날 뿐 화재경보가 울리지 않아 모두 고개를 갸우뚱하는 상황. A씨는 관리실에 전화를 걸어 자초지종을 물었지만 "지금 확인 중"이라는 대답만 돌아왔다.

A씨의 건물 화재감지기는 제대로 작동하지 않을 가능성이 높다. 건물 관리자가 고장이 난 감지기를 방치하거나 화재 신호를 감지해도 무시하는 경우가 많기 때문이다.

원래 화재 신호가 포착되면 빌딩 방재실로 신호가 가고 곧바로 경보가 울리게 돼 있다. 그러나 고장 때문에 화재감지기가 작동하지 않는 곳이 많다. 2016년 1월 한국소방산업기술원의 연구용역보고서를 보면 화재감지기가 미작동한 건수는 2014년 한 해만도 156건으로 4년 사이 50% 가까이 증가했다. 2015년 한국소비자원이 서울 지역 20년 이상 된

15개 아파트의 소방시설을 조사한 결과 화재감지기 14.6%가 작동하지 않았다. 이 중 절반 이상이 20년 이상 된 감지기였다.

고장이 아니더라도 감지기의 잦은 오작동 때문에 경보벨로 이어지는 신호를 차단해 놓는 경우도 있다. 화재가 감지된 곳으로 사람을 보내 불이 났는지 확인하고 나서야 경보를 울리는 식이다. 이 과정에서 생사가 달린 골든타임이 허비된다. 스프링클러의 경우 겨울철 동파 염려로 아예 물 배관 밸브를 잠가 놓기도 한다.

박재성 숭실대 소방방재학과 교수는 "아파트는 절반 이상이 경보 신호를 바로 울리지 않고 잡아 놓는다. 오작동 때문에 울리면 주민 민원이 들어오기 때문"이라며 "그러나 열기나 연기로 화재 사실을 알게 됐다면 이미 늦은 것"이라고 지적했다.

김진철 서울중부소방서 검사지도팀 주임은 "경보가 바로 울리지 않게 해 뒀다면 과태료 100만 원이 부과된다"며 "방재시설을 아무리 잘 갖춰 놨더라도 운영을 안일하게 하면 아무 소용없다"고 말했다.

2. 옥상에 올라가면 되겠지

> 냄새가 짙어질수록 사람들의 동요는 커졌다. 창밖으로 검은 연기가 보이고 뒤늦게 화재 경보가 울리자 대피가 시작됐다. A씨는 비상계단으로 뛰었다. 어떤 사람은 유독가스가 올라올 수 있으니 옥상으로 대피해야 한다고 외쳤고, 다른 사람은 그래도 밑으로 가야 한다고 소리쳤다. 잠시 고민하던 A씨는 사람들과 함께 아래로 향했다.

비상계단은 '생명로'다. 재난 상황에 엘리베이터를 타는 것은 금물이다. 정전으로 인해 작동이 멈출 수 있고, 승강기 통로가 일종의 굴뚝처럼 작용해 불길과 유독가스에 노출될 수도 있다. 조원철 한국방재안전학회 고문(연세대 명예교수)은 "평상시 비상계단을 자주 이용해야 한다"며 "계단마다 높이, 폭이 미묘하게 다르다. 계단을 한 번이라도 이용해 본 사람과 그렇지 않은 사람은 대피 속도와 부상 확률에서 차이가 난다"고 설명했다.

위로 혹은 아래로 비상계단에서 어디로 향해야 하는지 정답은 없다. 우선 안내방송을 듣거나 방송이 없으면 창문 밖으로 발화 지점을 확인해 사용 가능한 비상계단과 대피 방향을 판단한다. 옥상으로 피하면 숨쉴 공기를 확보할 수 있고 헬기 등을 통한 구조에 좋지만 옥상으로 통하는 문이 잠겨 있는 경우도 있다. 대부분 아파트는 범죄를 예방하고 불의의 사고를 막기 위해 옥상 문이 잠겨 있다.

조 명예교수는 "2008년 정부서울청사 5층에서 화재가 발생했다. 몇몇 인원이 비상계단을 통해 옥상으로 대피했지만, 옥상에는 방공포대(빌딩 GOP)가 자리 잡고 있어 출입이 불가능했다"고 말했다. 이와 관련해 국토교통부는 2015년 6월 앞으로 신축되는 고층 건물 옥상에 평상시에는 문이 잠겨 있다가 화재감지기를 통해 화재 사실이 확인되면 문이 자동으로 개방되는 '자동개폐장치'를 의무화하는 방안을 입법예고했다.

매일 출퇴근하는 건물 옥상이 개방돼 있는지, 옥상에 뭐가 있는지, 비상계단은 이용 가능한지 여부를 파악하고 있지 않으면 생명과도 직결된 실수를 할 수 있다는 얘기다.

#3. 불길만 피하면 괜찮겠지

서둘러 뛰어 내려가다 넘어진 사람, 위로 올라오는 사람이 뒤섞여 혼란스러운 상황에서 A씨는 아래로 향했다. 2층에서 몇몇 사람들이 방화문을 열고 비상계단으로 들어서자 연기가 함께 밀려 들어왔다. A씨는 시커먼 연기를 피해 손으로 입을 막고 기다시피 계단을 마저 내려갔다. 호흡이 가빠지고 머리가 아파 왔다.

화재로 인한 인명 피해 중 연기에 질식하거나 중독돼 사망하는 경우가 60~70%에 달한다. 장성 요양병원 화재 사고도 화재는 6분 만에 진화됐지만 거동이 불편한 환자 등 21명이 질식해 사망했다. 연기 속에 포함된 일산화탄소CO, 시안화수소HCN, 염화수소HCl 등 유독가스는 한두 모금만 들이마셔도 치명적이다. 유독가스에 중독돼 의식이 흐려지고 운동능력이 저하되기 때문이다.

전욱 한림대 한강성심병원 화상외과 교수는 "유해 화학물질이 폐 깊숙이 침투하는 과정에서 흡입화상이 발생하고 사망률이 두 배 이상 높아진다"고 말했다. 또 유독가스인 암모니아가 눈 점막을 자극하면 순간적으로 앞을 볼 수 없게 된다. 당황하면 평소보다 호흡량이 세 배쯤 많아져 유독가스를 더 많이 마시게 된다. 흡입화상의 경우 수일(4~7일)이 지나고 나서야 증상이 발견되기도 해 전문병원에서 진찰과 처치를 받는 것이 안전하다.

연기를 마시지 않도록 젖은 수건 등으로 입과 코를 막고 자세를 낮춘 채 이동하는 게 최선이다. 시야가 확보되지 않으면 벽이나 바닥에

손을 짚고 이동한다.

조원철 명예교수는 "나는 항상 비닐봉지 하나를 접어서 갖고 다닌다. 봉지 입구로 코와 입을 막고 숨을 쉬면 몇 분 정도 호흡기 역할을 한다"고 말했다. "고양 시민을 대상으로 한 방재 강연에서 이 방법을 알려 줬는데 2주 뒤에 고양종합터미널 화재 사고가 났다. '봉지 호흡기' 덕분에 살았다는 시민의 연락을 받았다." 조 명예교수가 말하는 고양종합터미널 화재는 2014년 5월, 8명의 목숨을 빼앗아 간 화재 사고다.

#4. 사무실 안은 안전하겠지

1층에 도착한 A씨는 방화문을 열고 로비로 나왔다. 소방차 사이렌 소리가 들리고, 사람들이 서둘러 건물 밖으로 나가고 있었다. A씨 역시 건물 밖으로 나와 대기하다가 인근 병원으로 이송돼 치료를 받았다. 이날 화재는 2층에 입주한 사무실에서 사용한 전기방석 누전이 원인으로 밝혀졌다. 사망자는 없었지만 연기를 마신 20여 명은 치료를 받았다.

매일같이 출근하는 사무실에도 위험이 도사리고 있다. 복잡한 전기 배선에서 발생하는 누전, 장시간 방치된 전열기기 때문에 화재가 발생할 수 있다.

또 창가에 놓인 어항이나 음료수 페트병이 볼록렌즈 역할을 해 불이 난 경우도 있다. 곳곳에 쌓여 있는 서류 등 인화성 물질도 위험 요소다.

유승관 삼성방재연구소 연구원은 "사무실은 입주자들이 활동하는 공간이라 초기에 화재를 감지하거나 진화할 수 있고, 또 익숙한 공간이기 때문에 대피에 용이하다. 오히려 낯선 공간이고 자는 도중에 화재가 발생하는 숙박시설이 더 위험하다"면서도 "시민들에게 화재경보가 들리면 즉각 대피해야 한다는 인식이 부족하다. 화재감지기의 잦은 오작동, 형식적인 훈련이 반복돼 둔감해진 탓"이라고 지적했다.

그는 "초고층 빌딩을 제외하면 비상계단을 통해 지상으로 탈출하는 데 걸리는 시간은 2분 내외면 충분하다. 하지만 대피가 지연돼 골든타임 5분을 넘기면 생존율은 급격히 낮아진다"고 덧붙였다.

김진철 주임은 건물 방재·관리 책임자의 의식 전환이 필요하다고 지적했다. 그는 "오작동이 잦다고 신호를 잡아 둘 것이 아니라 공간 특성에 맞는 화재감지기를 설치하는 등 노력이 필요하다"고 강조했다.

전문가들은 "설령 100번 중에 99번이 오작동이라고 하더라도 단 한 번의 참사를 피하기 위해서는 화재경보에 재빠르게 반응하고 대피해야 한다"고 강조했다.

4적_피

실종된 노블레스 오블리주

避

피할 피

避

'노블레스 오블리주'는 사회 지도층이 도덕적 의무를 다해야 한다는 의미의 프랑스 격언이다. 사회적 지위와 명예(노블레스)가 있다면 그만큼 의무(오블리주)를 다해야 한다는 것이다. 한국 사회의 지도층들은 과연 오블리주를 다하고 있을까. 도덕적 의무는 둘째 치고 모두가 지켜야 하는 기본적 의무조차 제대로 지키지 않는 것이 현실이다.

서울시에 따르면 1,000만 원 이상 지방세를 체납한 사람은 2015년 12월 기준 1만 7,387명에 달하고 있다. 체납액 규모만 해도 7,254억 원으로 웬만한 중견기업의 매출액과 맞먹는 수준이다. 수십억 원의 세금을 체납하고도 떳떳하게 해외 출장을 다니는 중견기업 회장에서부터 과거 공직생활을 했음에도 세금 체납에 대해 전혀 부끄러움을 못 느끼는 사람도 있었다. 납세의 의무뿐 아니라 병역의 의무도 뒷전이었다. 2015년 병무청 자료에 따르면 고위 공직자 자녀 중 질병으로 병역을 면제받거나 국적을 포기해 병역을 기피한 사람은 732명에 달했다.

자식들을 위해 '헬조선 탈출'의 기회를 주는 원정출산도 사회 지도층 사이에서 공공연히 이뤄지고 있었다. 2005년 국적법 개정으로 원정출산으로 인한 병역기피는 원천적으로 차단됐지만 원정출산은 꾸준한 증가세를 보이고 있다. 통계청에 따르면 원정출산으로 추정되는 관광목적 입국 0세 외국인은 2005년 1,654명에서 2014년에는 2,454명으로 늘어났다. 미국 국적이라는 브랜드가 교육적인 측면에서 여전히 매력이 있기 때문에 원정출산이 여전히 활개를 치고 있는 것이다. 판검사, 의사, 공무원 등 사회 지도층들이 자녀들을 주로 원정출산을 보내고 있었다.

이름값 못하는 사회 지도층

'병역의 의무'를 잊은 것은 국회의원뿐만이 아니다. '유전有錢 면제, 무전無錢 입대'라는 말이 유행할 정도로 사회 지도층의 병역기피 논란이 끊이지 않고 있다. 실제로 일부 고위 공직자 자녀들이 질병으로 병역을 면제받거나 국적을 포기하고 병역을 기피하는 현상이 여전한 것으로 드러났다.

국회 국방위원회 소속 더불어민주당 백군기 의원이 2015년 병무청으로부터 제출받은 '고위 공직자 직계비속의 면제사유별 현황'에 따르면 병역면제자는 784명에 달했다. 면제 사유는 질병 732명(93.4%), 국적상실 30명(3.8%), 수형 8명(1.0%) 등으로 나타났다.

질병명이 공개되지 않은 228명을 제외하고 병역면제 처분을 가장 많이 받은 질병은 '불안정성 대관절'이다. '불안정성 대관절'이란 무릎관절 등의 인대 손상·파열 질환으로 완치율 80~90%에 이르는 것으로 알려졌다. 이 질병은 2015년 이완구 전 총리 인사청문회 당시 차남의 병역면제 사유로 밝혀져 논란을 일으켰다.

복수국적자의 국적상실 또한 병역면제 단골메뉴다. 병역기피에 대한 국민적 우려가 높은 가운데 일부 외교관의 자녀들이 복수국적을 보유한 것으로 나타났다. 새누리당 김영우 의원이 2015년 외교부로부터 받은 자료에 따르면 외교관 자녀 가운데 복수국적(이중국적)자는 152명으로 2년 사이에 22명이 늘어났다.

고위 공직자 직계비속의 면제사유별 현황

단위: 명

구분	계	질병	생계 곤란	장기 대기	수형	고령	국외 영주	국적 상실	중퇴 이하	처분사유 비공개	귀하	병역 의무 종료
비속	784	732	−	3	8	5	1	30	4	1	−	−

*2015년 7월 31일 기준

자료: 병무청

갑질하면서 세금 탈루까지
참 나쁜 기업인들

〰〰〰〰

전국에 100여 개의 가맹점을 가진 A사. 퇴직을 앞둔 예비창업자들에게 과장광고로 가맹 계약을 체결하고 인테리어 비용을 과다 청구하는 갑질을 저질렀다. 인테리어 비용은 세금계산서도 발행해 주지 않고 임원의 차명계좌로 입금을 받아 법인세 수억 원을 탈루했다.

국세청이 적발한 기업의 세금 회피 사례에 따르면 세금을 회피하기 위해 악덕 기업인들은 갖은 수단을 동원했다. 유령회사에 차명계좌 그리고 가짜 세금계산서까지. 때로는 힘없는 약자를 세금 회피 수단으로 활용하기도 하는 악덕스러운 갑질까지 서슴지 않았다.

악덕 사채업자인 B씨는 대출이 어려운 영세사업자에게 사업장 운영권을 담보로 연 200%의 고리로 자금을 빌려줬다. 계약

대표적인 세금 회피 사례

유형	사례
역외 소득·재산 은닉	조세회피처를 이용한 비자금 은닉
	해외 부동산 및 금융자산 신고 누락
	서류상 회사를 이용한 거래 위조
반사회적 민생침해 탈세	연 200% 고리대금업자 소득 탈루
	선행학습 유도해 고액 수강료 챙겨
	노인들에게 의료기기 허위·과대광고
탈세·차명계좌	임직원 명의의 차명계좌 개설
	세금계산서 허위 발행
고액체납자 재산추적조사	배우자 명의로 재산 은닉
	현금 및 고가물품 은닉
	허위 근저당권 설정

자료: 국세청

서도 없이 현금으로만 거래하고 이자도 배우자 및 친인척 명의의 차명계좌로 받아 소득세 수십억 원을 탈루했다.

국세통계에 따르면 2014년 신규로 공개한 고액·상습체납자는 2,398명이며 체납세액은 418억 5,400만 원에 달했다. 역외 소득·재산 탈루, 유령 외국법인 설립, 차명계좌를 이용한 수출대금 은닉 등 다양한 방법이 세금 탈루에 동원됐다.

섬유수출업자 C씨는 수출대금을 직원명의 계좌 등으로 수령하면서 세금을 탈루하고 고액의 비자금을 조성한 혐의로 조세포탈범으로 고발됐다. C씨는 수십억 원의 세금을 납부하지 않고 배우자 명의 고급아파트에서 생활했다. 배우자가 뚜렷한 소득 없이 고가의 아파트 두 채를 취득한 경위를 추적한 국세청에게 덜미를 잡혔다.

해운업체 사주 D씨는 해외 유령회사 명의로 대형 선박을 보유하면서도 수백억 원의 종합소득세를 납부하지 않았다. D씨는 법인 명의의 고급아파트에서 거주하면서 고급외제차를 타고 다녔다. 선박 매매계약서를 발견한 국세청이 '체납처분 면탈범'으로 고발할 것임을 예고하여 체납액을 징수했다.

국세청 관계자는 "금액이 크거나 징수에 여러 가지 절차가 필요한 경우에는 지방국세청 징세과에서 체납자 재산을 추적한다"며 "고의적으로 재산을 다른 사람 명의로 돌리는 경우에는 취소소송을 통해 세금을 징수한다"고 말했다.

금수저면 만사형통 한국
금수저라도 능력대로 스웨덴

'부모 도움 없이 명문대를 졸업하고 해군 장교로 복무해야 한다.'

150년 동안 명맥을 이어 온 스웨덴 가족기업인 발렌베리 가문의 최고경영자가 되기 위한 최소 자격이다. 능력 없는 가문 자녀가 후계자가 되는 것을 방지하기 위해 엄격한 자격 요건을 내세우고 있는 것이다.

발렌베리 가문은 스웨덴 2위 은행인 스톡홀름엔스킬다은행, 세계 2위 가전업체 일렉트로룩스, 세계 최대 통신장비업체 에릭슨 등 14개 대기업을 소유하고 있다.

지주회사 인베스터의 보유 지분에 따른 배당금을 모두 재단에 귀속하고, 재단은 매년 17억 스웨덴 크로네(약 2,392억 원)를 교육 및 연구 등 공익을 위해 사용한다.

발렌베리재단 소유 기업지배 구조

단위: %

기업	지분율	기업	지분율
나스닥 OMX 거래소	11.8	허스크바나 전동공구	16.8
에릭슨 통신장비	5.3	아스트라제네카 제약	4.1
사브 방산	30.0	ABB 중전기	10.0
일렉트로룩스 가전	15.5	아트라스콥코 광산정비	16.8
소비 바이오	39.6	SEB	20.8

*2015년 말 기준

자료: 인베스터

이처럼 가문 내 '금수저'들에게도 엄격한 기준을 제시하고 수익을 사회 환원에 적극 나서고 있어 발렌베리 가문은 스웨덴 국민들로부터 존경을 받고 있다.

2015년 롯데그룹 오너 형제의 경영권 분쟁으로 재벌에 대한 국민들의 반발심은 더욱 커져 가고 있다. 경영권을 두고 가족 간 법정싸움을 하거나 자격 없는 2·3세들에게 경영권을 승계하는 모습은 한국 사회에서 쉽게 찾아볼 수 있다. 재벌 그룹들이 국민들로부터 존경받는 기업으로 거듭나지 못하는 것도 바로 이런 이유에서다.

사회책임투자 리서치기관인 서스틴베스트에 따르면 미국의 경우 전체 기업의 92%가 가족기업이다. 이탈리아도 90%가 가족기업이고 프랑스, 독일, 영국도 전체 기업의 60% 이상이 가족기업이었다.

국내 상장기업과 코스닥기업의 약 70%는 가족기업으로 분류된다. 선진국에서도 가족기업이 기업 형태의 대부분을 차지하고 있지만 유독 한국 사회에서만 가족기업에 대한 이미지가 부정적이다. 투명하지 못한 기업 승계 그리고 사회적인 책임을 다하지 못하고 있기 때문이다.

이왕겸 서스틴베스트 기관자문팀장은 "해외 기업들도 동일하게 가족경영 형태를 갖고 있지만 경영권을 승계하면서 얼마나 경영 능력을 검증하는가에 있어서는 차이를 갖고 있다"며 "우리나라 대기업들도 탁월한 경영자를 배출하려는 노력이 필요하다"고 말했다.

국내 기업의 경우 경영권 승계 기간을 보통 2~5년으로 짧게 인식하는 반면 해외 기업은 10~20년에 걸쳐 장기간에 진행했다. 성공한 가족기업들은 가족이 기업에 참여하는 조건을 사전에 협의하고 명문화한

'가족고용정책'을 가지고 있었다.

또한 가족 갈등과 분쟁으로 몸살을 앓고 있는 국내 대기업들과 다르게 세계적인 장수 가족기업들은 가족과 기업 양쪽 모두를 통치하는 건강한 지배구조 시스템을 구축하고 있었다. 기업과 가족을 분리하고 각각의 지배구조를 관리해서 '건강한 가족과 튼튼한 기업'을 동시에 유지하고 있는 것이다.

내 아이를 위한 교육보험
2,000만 원짜리 원정출산

〰〰〰〰〰

"사회 지도층이라고 한들 원정출산을 한다는 게 뭐가 문제입니까. 남들에게 피해를 주는 것도 아닌데."

국내 유명 사립대 로스쿨의 한 교수는 미국 국적을 취득하기 위해 원정출산하는 문제를 지적하는 기자의 질문에 오히려 이같이 반문했다. 해당 교수는 "범법행위도 아니고 자식을 위해서 정당한 방법으로 기회를 주는 것인데 비난할 필요는 없어 보인다"고 잘라 말했다.

한국 사회에서 혜택을 누리고 있는 지도층들이 자식들에게는 '헬조선 탈출'의 기회를 제공하고 있다. 하지만 사회적으로 저명한 교수조차 이를 문제라고 인식조차 안 하고 있는 것이다.

안타깝지만 이것이 바로 대한민국의 부끄러운 자화상이다. 지도층의 도덕적 책임을 의미하는 '노블레스 오블리주'가 무색할 정도다.

김문조 고려대 명예교수는 "도덕적인 문제뿐 아니라 원정출산은 인력의 해외 유출이라는 측면에서 국익에도 해가 되는 행위"라며 "한국에서는 기회가 없다고 생각해서 자식들을 위해 원정출산을 하는 것 같다"고 말했다.

취재진이 원정출산을 도와주는 브로커를 찾는 것은 어렵지 않았다. 인터넷 검색창에서 원정출산을 돕는 여러 업체들을 쉽게 찾아낼 수 있었다.

브로커들도 의외로 당당했다. 전혀 불법적인 행위가 아니라는 주장이다. 취재진이 실제로 접촉한 네 명의 원정출산 브로커 모두 "아는 사람은 다 한다"며 "사회적으로 전혀 지탄받을 일이 아니니 무서워할 필요 없다"고 밝혔다.

브로커 A씨는 "저희는 정식 법인을 가지고 세금 내고 일하고 있습니다"며 "이중국적을 허용하는 미국의 정책에 맞춰 한국 국민들이 혜택을 받을 수 있게 도와주고 있는 거죠"라고 주장했다.

내 자식에게 한국 국적을 포기하고 미국 국적을 취득하게 해 주는 원정출산은 이처럼 공공연히 이뤄지고 있었다.

브로커 A씨는 "해외 유학 시 미국 국적이 얼마나 유용한지를 잘 알고 있는 사회 지도층들이 주로 원정출산을 한다"고 밝혔다.

괌, 사이판, 하와이 등 휴양지에서 주로 원정출산이 이뤄지고 있었다. 임신부들이 '태교여행'을 가장해 쉽게 입국이 가능한 데다 산후조리하기에 휴양지가 적합한 장소이기 때문이다. 브로커들은 현지에 대형

원정출산 단계

단계	기간	내용
사전 준비	분만 예정 최소 2개월 전	– 출산 지역·장소 브로커와 조율
출국	분만 예정 4주 전	– 한국 병원 서류는 출국 1주 전 현지 병원에 전달 – 태교여행으로 가장해 관광 출국
출산	분만 3주 후	– 출산지에서 출생증명서, 미국 여권 신청 – 현지 산후조리원에서 몸조리
귀국	출국 7주 후	– 출산 현지 미국 여권 수령 – 관광통과 목적 – 입국 후 국내에서도 출생 신고(이중국적)

산후조리원을 운영하고 현지 병원과의 연계를 통해 원정출산을 유치하고 있었다.

원정출산 수요가 늘자 사이판에 대규모 산후조리원을 설립하고 있다는 브로커 B씨는 "갈수록 수요가 늘어서 사이판 현지에 조리원 건물을 신규로 세우고 있는 중"이라며 "점점 수요자들의 눈높이가 높아져서 서비스를 개선해 나가야 하는 상황"이라고 밝혔다.

원정출산에는 약 6~7주의 시간이 필요했다. 분만 예정일 4주가 되기 전 해외로 출국을 하고, 분만 후 3주간의 산후조리 기간을 거쳐 한국으로 '0세 미국인'이 된 아이를 데리고 돌아오는 식이다.

출산 시 드는 비용은 1,500만 원에서 2,000만 원(괌 기준) 정도였다. 개인 전담 산후조리사를 사용하거나 1인 1실의 산후조리원을 사용하면 비용이 증가하는 식이다.

현지 산후조리원 서비스는 한국의 산후조리원과 큰 차이가 없었다. 산모들을 위해 현지 관광, 쇼핑까지 지원해 주고 있었다.

아는 사람만 한다는 게 원정출산이라고 한다. 미국에서 거주하거나 유학을 했던 경험이 있는 부모들이 자식들에게 미국 국적을 가질 수 있는 기회를 제공하는 데 적극적인 것이다. 실제 브로커들에게 물어보니 원정출산 고객들은 주로 공무원, 교수, 판검사 등 사회 지도층이었다.

브로커 D씨는 "사회 지도층일수록 해외에서 생활한 경험이 많아서 원정출산을 많이 하는 것 같다"며 "일반 회사원들 중에는 해외 주재원 출신들이 주로 찾아온다"고 밝혔다.

브로커 B씨는 "대놓고 얘기를 못해서 그렇지 서울 강남 등에 거주하는 부유층의 상당수가 원정출산을 하고 있다"며 "저희 회사에서 10여 년간 약 2,000명 넘게 원정출산을 보내고 있는데 대부분이 사회에서 저명한 인사의 자제들"이라고 말했다.

사회 지도층은 분명 사회에서 혜택을 보는 계층이다. 그래서 그들의 지위에 맞는 도덕적인 책임과 의무를 다해야 한다는 '노블레스 오블리주'라는 말도 생겨난 것이다. 하지만 지도층들은 자식들이 한국을 탈출할 수 있는 기회를 엿보고 있는 것이었다. 그리고 이에 대해 어떠한 도덕적인 책임의식조차 없는 듯했다.

브로커 A씨는 "공무원이나 교수 분들은 서로서로 소개로 업체를 찾아오시는 분들이 많다"며 "공직에 있더라도 원정출산이 크게 문제가 되지 않는다고 생각하는 것 같다"고 밝혔다.

김문조 고려대 명예교수는 "지도층이나 공직자일수록 고국에 더 살아야겠다는 생각을 해야 하는데 그렇지 못한 것 같다"며 "한국을 등진 다는 생각보다는 자식을 글로벌 인재로 만들어야 한다는 생각으로 스스로를 합리화하는 것 같다"고 밝혔다.

왜 2,000만 원의 비용을 들여 비행기를 타고 원정출산을 하는 것일까. 브로커 A씨는 취재진의 질문에 "부잣집에서 태어나는 게 가난한 집에서 태어나는 것보다 더 좋지 않나요"라고 답했다. 아이가 미국 국적을 가지게 되면 그만큼 기회가 많아진다는 얘기다. 그는 "미국 학교 입학할 때도 미국 국적자가 우선이고 미국에서 취업할 때도 미국 국적이 있어야 잘된다"며 "아이에게 다양한 기회를 줄 수 있다는 거죠"라고 당당하게 말했다.

원정출산의 혜택은 갈수록 줄어들고 있다. 국적법상 원정출산자가 병역을 기피할 방법은 없다. 2005년 정부가 '유승준 파동'을 계기로 편법적인 병역기피와 원정출산을 막기 위해 국적법을 개정했기 때문이다. 병역의무를 다해야만 한국 국적을 포기할 수 있도록 법이 개정됐던 것이다. 또한 이중국적자는 만 22세가 되기 전까지 반드시 하나의 국적을 선택하도록 했다.

하지만 이후로도 원정출산은 지속적으로 늘어나고 있었다. 비자 없이 '관광통과' 목적으로 한국으로 입국하는 0세 외국인은 원정출산으로 대부분 추정된다. 이들의 수는 2005년 1,654명에서 2007년 2,216명, 2011년 2,430명, 2014년에는 2,454명에 달했다.

과거 원정출산이 병역기피의 목적이었다면 최근 원정출산은 아이를 위한 교육이 주 이유였다. 미국 국적이 있다면 해외 유학이나 취업에 유리할 수 있다는 판단이다.

2010년에는 일부 이중국적자에게 '대한민국 내에서 외국 국적을 행사하지 않겠다'는 서약을 하면 만 22세 이후에도 이중국적을 유지할 수 있도록 국적법이 개정됐다. 병역의 의무 등 대한민국 국민의무를 다한다면 이중국적을 유지할 수 있는 것이다. 다만 원정출산의 경우는 만 22세 이후에는 하나의 국적을 포기해야 한다.

하지만 원정출산 브로커들은 이 개정안에 대해 "한 번도 안 주던 이중국적을 앞으로는 주겠다고 발표한 것이다"라며 "앞으로 이중국적 인정 대상이 확대될 것이다. 20년 뒤에는 모르는 일 아닌가"라며 원정출산을 부추겼다.

개정된 국적법으로 원정출산자를 구분하기 어렵다는 지적도 있다. 한 법조계 관계자는 "부모가 영주 목적으로 체류한 것이냐 아니냐를 국적법 시행령에서 정의하고 있지만, 실제로 원정출산을 파악하기 굉장히 어렵고 그 구별 기준도 조금 애매한 부분이 있다"고 말했다.

돈은 있지만
세금 낼 돈은 없다

2016년 2월 15일 경기도 안양시 관양동의 한 아파트. 아파트 한 채와 5층짜리 빌딩을 배우자 명의로 소유하고 있는 한 모 씨가 세금을 징수하러 나온 서울시 '38세금징수과' 사람들에게 다짜고짜 소리를 질렀다. 그는 "세금을 징수할 거면 이렇게 오지 말고 문서를 보내란 말이야"라고 조사관을 몰아세웠다.

　조사관들이 집 안에서 세금납부고지서 한 꾸러미를 발견하는 데 오랜 시간이 걸리지 않았다. 한 씨가 체납한 주민세는 1억 100만 원이다. 7억 원 규모의 토지 보상금을 받았지만 세금 납부는 여전히 거부하고 있다. 빌딩, 아파트는 모두 부인 명의라며 완강히 저항했다. 한 조사관의 목에 걸린 신분증을 보고 한 씨는 "그런 신분증으로 위협하지 말아요. 누가 이거 안 차고 다녀 본 사람 있나"라고 으름장을 놓았다. 한때 영관급 장교였다고 주장하는 사람치고는 너무 치졸한 모습이었다.

　서울시에 따르면 2015년 12월 기준 1,000만 원 이상 지방세 체납자는 1만 7,387명(법인 포함)에 달한다. 체납액만 7,254억 원이다. 어지간한 중견기업 매출액과 맞먹는 금액이다.

서울시 지방세 체납액 현황

1만 **7,387**명

7,254억 원

체납자 수
(법인 포함)

체납액

*2015년 12월 누적 기준

자료: 서울시

탈세자의 집을 조사 중인 '38세금징수과' 조사관들

"
현장에서 마주한 고액 체납자들은 당당하고 뻔뻔했다.
현장을 덮친 조사관들에게 거짓말하기 일쑤였고
오히려 고함까지 쳤다.
"

돈은 있지만 세금을 낼 돈은 없다. 사회 지도층이라면 남들보다 성실하게 세금을 납부해도 모자랄 판국에 앞장서서 세금을 빼돌릴 궁리를 하고 있는 것이다.

현장에서 마주한 고액 체납자들은 당당하고 뻔뻔했다. 현장을 덮친 조사관들에게 거짓말하기 일쑤였고 오히려 고함까지 쳤다. 서울 삼성동 고급빌라에 거주하는 전 부동산 개발업자 강 모 씨는 조사관이 들이닥치자 작은 방에 몸을 숨겼다. 부인이 대신 나와 "남편은 제주도에서 투병 중"이라고 거짓말을 했지만 강 씨는 금세 조사관들에게 발견됐다. 조사관들이 병풍 뒤에 숨겨진 금고를 열자 금목걸이, 금시계, 진주반지 등 보석류 20여 점과 2,000여 만 원이 든 통장이 발견됐다. 안승만 서울시 38세금징수과 조사관은 "때로는 조직폭력배를 동원해 협박하는 바람에 현장에서 세금 징수가 어려울 때도 있다"고 말했다.

배우자 명의로 회사를 운영하며 세금 납부를 회피하는 사례도 비일비재하다. 지방세 5,300만 원을 체납한 임 모 씨의 배우자는 2016년 1월 S주식회사 대표이사로 등재됐다. 안 조사관은 "남편이 실질적으로 운영하면서 아내 명의로 돌린 것 아니냐, 지방세법상 명의 대여"라고 경고하자 임 씨의 배우자는 당황하며 자신을 가정주부라고 소개했다. 자신이 회사 운영과 관계가 없음을 얼떨결에 실토한 것이다. 임 씨 집을 수색한 결과, 집 안에서는 골프채 다섯 세트, 스키 세트, 기념 주화 세트 등이 발견됐다.

이를 본 임 씨는 "골프채 없는 사람이 어딨느냐"고 태연하게 말했다. 임 씨는 현재 거주하는 아파트 전세금이 5억 5,000만 원이라고 밝혔지만 전세계약서상 전세금은 7억 5,000만 원이었다. "왜 2억 원을 속여서 대답했느냐"는 조사관들의 추궁에 임 씨는 입을 열지 않았다.

수십억 원대 세금을 체납하고 출국금지 조치까지 받았지만 자유롭게 국내외를 오고 가는 체납자도 있었다. 바로 전 중견기업 회장 최 모 씨였다. 최 씨는 2006년 경기도 소재 부동산을 양도한 뒤 지방소득세 양도소득분 28억 6,200만 원을 현재까지 내지 않았다.

최 씨는 매년 배우자와 함께 하와이와 뉴욕 등을 수차례 오갔으며 2015년에는 서울시의 출국금지 조치에 해외 강연을 이유로 이의를 제기하고 출국하기도 했다.

조사관들은 최 씨 배우자 소유의 서울 삼성동 고급빌라를 찾았지만 그 집에는 다른 사람이 살고 있었고 최 씨는 거주지 파악조차 힘든 상황이었다. 최 씨 배우자는 시가 25억 원 상당의 이 빌라뿐만 아니라 용산구의 고급주택과 경기도의 3만 3,000㎡(약 1만 평) 이상의 임야 등을 소유하고 있다.

안 조사관은 "체납자 최 씨의 자녀들은 231~264㎡대(약 70~80평대) 아파트를 소유하고 있고 최 씨는 세무사나 변호사 등 대리인을 통해서만 접촉한다"며 답답함을 토로했다.

| 제5장 |

5적_비

인터넷상 타인 욕설

헐뜯을 비

경찰청에 따르면 사이버 명예훼손을 비롯한 악성댓글 관련 범죄는 최근 폭발적으로 늘었다. 2012년 8,544건이었던 범죄 건수는 2013년 8,866건, 2014년 8,880건으로 증가했다. 2015년에는 발생 건수가 전년 대비 두 배 가까이 늘어난 1만 5,043건에 달했다.

특히 윤리 의식이 희박한 초·중·고 학생들이 큰 자각 없이 악플 세례에 동참하고 있어 문제다. 온라인 기록 삭제 업체 산타크루즈컴퍼니는 전체 악성댓글의 약 65~70%를 청소년이 작성하는 것으로 분석한다. 청소년들은 친구들 사이에서 장난스럽게 쓰는 단어를 여과 없이 키보드로 쏟아 낸다. 온라인 공간을 감정을 소비하는 분출 공간으로 활용하는 셈이다.

한국인터넷진흥원이 2015년 발표한 '사이버폭력실태조사' 결과에 따르면 초·중·고(초4~고3) 학생의 14.0%가 지난 1년간 사이버폭력 가해 경험이 있었다. 생판 모르는 사람에게 사이버폭력을 가한 비중은 51.8%에 달한다. 악플 피해자와 가해자 사이에는 악순환 고리가 자리한다. 사이버폭력 가해 학생 중 59.1%가 피해 경험이 있었다. 피해 학생의 43.7%는 가해 경험이 있었다.

전문가들은 성숙한 인터넷문화를 위한 조기교육 필요성을 강조한다. 학교생활 만족도가 떨어지는 집단에서 사이버폭력을 가하는 비중(22.8%)은 그렇지 않은 집단(13.0%)에 비해 훨씬 높다. 학교폭력을 경험한 피해자 학생이 온라인상으로 악성댓글을 쓰는 비율은 27.1%에 달해 비교집단(13.1%) 두 배가 넘는다. 일상생활에서 받은 스트레스를 풀기 위해 온라인으로 남을 공격하며 강자가 된 듯한 대리만족을 느끼는 것이다.

사이버폭력
피해자가 다시 가해자로

"쟤는 욕먹을 자격 있어. 저런 애는 죽어야 됨ㅋㅋㅋ. ○○야, 자살 좀 해라. 니까짓 쓰레기 죽어 버려. 악플 보고 자살하라고ㅋㅋㅋ."

한 누리꾼이 인기 걸그룹 멤버 소셜네트워크서비스SNS 계정에 남긴 글의 일부다. 수차례에 걸쳐 자살을 종용하는 자극적인 댓글 달기를 반복했다. 보다 못한 다른 누리꾼이 "악성댓글악플을 저장해 소속사에 보냈다"며 그만둘 것을 요구했지만 댓글 세례는 멈추지 않았다. 익명의 공간에 숨어 입에 담지 못할 글을 쓰면서 일말의 죄책감도 느끼지 않은 것이다.

2016년 3월에는 SNS 악플이 실제 폭력으로 이어진 사례가 나오기도 했다. 집 안에서 악어를 키우는 것으로 SNS에서 유명세를 탄 A씨가 딸을 욕하는 댓글에 격분해 보복에 나선 것이다. A씨가 살아 있는 동물을 악어 먹이로 주는 동영상을 올리자 광주광역시에 사는 한 고등학생이 "딸을 갈아서 악어 먹이로 주라"는 내용의 악플을 달았다. 격분한 A씨는 친구 세 명과 함께 광주로 건너가 댓글을 쓴 이를 찾아내 보복폭행을 했다. 2015년에는 극우 사이트 일간베스트에 세월호 희생자들을 어묵에 비유한 글이 올라와 논란이 벌어지기도 했다.

최근 FNC엔터테인먼트가 소속 연예인을 비방하는 글을 올린 누리꾼 서른 명을 경찰에 고소한 것도 같은 맥락이다. FNC엔터테인먼트는 걸그룹 AOA 등이 소속된 연예기획사다. "악성댓글에 엄중하게 대처하겠다"는 방침을 밝혔는데도 근거 없는 비방글이 나돌자 "선처 없이 강경하게 대응하겠다"는 뜻을 밝힌 것이다.

경찰청에 따르면 사이버 명예훼손을 비롯한 악성댓글 관련 범죄는 최근 폭발적으로 늘었다. 2012년 8,544건이었던 범죄 건수는 2013년 8,866건, 2014년 8,880건으로 증가했다. 특히 2015년에는 발생 건수가 전년 대비 두 배 가까이 늘어난 1만 5,043건에 달했다. 2013~2014년 사이버 관련 전체 범죄 발생 건수는 15만 5,366건에서 14만 4,679건으로 소폭 감소했지만 명예훼손과 관련한 악성댓글 범죄는 반대로 대폭 늘어난 것이다.

최준영 경찰청 사이버수사기획팀장은 "인터넷에서 벌어지는 명예훼손과 관련한 피해 사례에 적극적으로 대응하겠다는 분위기가 자리 잡은 이유가 크다"며 "한 사람이 수십 명을 동시에 고소하는 사례도 많아져 집계된 범죄 건수가 큰 폭으로 늘고 있다"고 분석했다. 방송통신위원회에 따르면 명예훼손을 이유로 온라인 글을 수정해 달라고 방통위에 요구한 심의 건수는 2013년 2,472건에서 2015년 2,835건으로 늘어났다.

하지만 윤리 의식이 희박한 초·중·고 학생들은 큰 자각 없이 악플 세례에 동참하고 있다. 온라인 기록 삭제 업체 산타크루즈컴퍼니에 따르면 전체 악성댓글의 65~70%를 청소년이 작성하는 것으로 추산된다. 이들은 온라인에서 논란이 되는 글을 올렸을 때 법에 저촉되거나 사회적 문제가 될 것이라는 생각을 쉽게 하지 못한다. 친구들 사이에 장난스럽게 쓰는 단어를 여과 없이 키보드로 쏟아 낸다. 오프라인에서 마음 터놓을 곳을 찾지 못한 아이들이 온라인 공간을 감정을 분출하는 곳으로 활용하는 것이다.

한국인터넷진흥원이 2015년 발표한 '사이버폭력실태조사' 결과에 따르면 초·중·고(초4~고3) 학생의 14%가 지난 1년간 사이버폭력 가해 경험이 있는 것으로 드러났다. 고등학생(17.1%), 중학생(16.9%)은 물론 초등학생(8.1%)까지 악플 달기에 가담하고 있다. 온라인게임(48.5%), 채팅·메신저(39.7%), 이메일·문자메시지(7.6%)가 사이버폭력의 주무대다. 생판 모르는 사람에게 사이버폭력을 가한 비중은 전체 중 절반이 넘는 51.8%에 달했다.

악플 피해사와 가해자 사이에는 긴밀한 관계가 있다. 사이버폭력 가해 학생 중 59.1%가 피해 경험이 있고, 피해 학생의 43.7%는 가해 경험이 있는 것으로 조사됐다. 사이버상에서 욕을 먹던 피해자가 돌변해 남을 욕하는 것으로 대리만족하는 '악플의 악순환' 현상이 감지되고 있다.

최민식 이화여대 교수는 "어린 학생들이 온라인 공간을 스트레스 해

│ 악마로 변하는 학생들 │

최근 1년간 사이버폭력을 가한 경험이 있다

8.1%
초등학생
(4~6학년)

16.9%
중학생

17.1%
고등학생

자료: 한국인터넷진흥원

악플 피해자·가해자 악순환

사이버폭력 피해 학생 중 가해 경험이 있는 비율

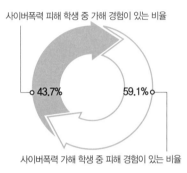

43.7%   59.1%

사이버폭력 가해 학생 중 피해 경험이 있는 비율

자료: 한국인터넷진흥원

학교폭력을 경험한 피해자 학생이 온라인으로 악성댓글을 다는 비율은 **비교집단**의 **두 배가 넘었다.**

늘어나는 악성댓글 관련 범죄

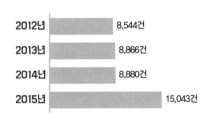

2012년   8,544건

2013년   8,866건

2014년   8,880건

2015년   15,043건

자료: 경찰청

소외계층 아이들이 악플을 단다

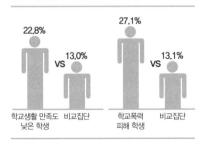

22.8%   VS   13.0%   27.1%   VS   13.1%

학교생활 만족도   비교집단   학교폭력   비교집단
낮은 학생   피해 학생

자료: 한국인터넷진흥원

소용으로 활용하기 때문"이라며 "악플 문제를 사회적 관점에서 바라보고 근본적인 해결법을 찾아야 한다"고 조언했다.

전문가들이 성숙한 인터넷문화를 위한 조기교육 필요성을 강조하는 이유다. 학교생활 만족도가 떨어지는 집단에서 사이버폭력을 가하는 비중(22.8%)은 그렇지 않은 집단(13.0%)에 비해 훨씬 높은 것으로 나타났다.

학교폭력을 경험한 피해자 학생이 온라인으로 악성 댓글을 다는 비율은 27.1%에 달해 비교집단(13.1%)의 두 배가 넘었다. 일상생활에서 받은 스트레스를 풀기 위해 온라인에서 남을 공격하며 강자가 된 듯한 대리만족을 느끼는 것이다.

일선 학교에서부터 악플을 예방하기 위한 적극적인 노력이 필요하다는 얘기가 나오는 이유다. 최 팀장은 "악성 댓글에 대해 엄중히 처벌하려는 사회적 공감대가 형성되고 있어 한때 실수로 인생의 발목이 잡히지 않게 사회적 차원에서 교육해야 한다"고 강조했다.

인터넷 교육 두고
학부모, 교사 핑퐁 게임

청소년을 상대로 제대로 된 인터넷 교육을 누가 할 것인가를 놓고 학부모와 교사 사이에 지루한 핑퐁 게임이 벌어지고 있다. 양측 모두 교육의 필요성에 대해서는 절감하지만 서로 교육 주체가 아니라며 책임 떠넘기기에 나서는 것이다. 악성댓글의 상당수를 10대 청소년들이 올리는 것을 고려할 때 시급한 조치가 필요하다는 지적이 나온다.

방송통신위원회와 한국인터넷진흥원의 '사이버폭력실태조사 요약보고서'에 따르면 교사(98.8%)와 학부모(98.0%) 대다수는 사이버폭력 예방 교육이 절실하다는 데 공감대를 이뤘다. 하지만 '교내 사이버폭력 발생 시 어떻게 대처할 것인가'를 묻는 질문에는 교사와 학부모 모두 발을 빼려는 양상을 보였다.

> "학교에서 스마트폰을 못 쓰게 하면서 적절한 통제를 하고 있다. 윤리 교육은 가정의 몫이다." (교사 측)

> "당연히 학교에서 교육이 이뤄져야 한다고 생각한다. 학부모가 전문가도 아니지 않은가." (학부모 측)

'해당 학생 부모님께 알리고 조치하도록 할 것'이라고 답한 교사 비중은 무려 83.2%에 달했다. 학교에서 직접 지도하겠다는 것과는 거리가 멀다. 같은 질문을 받은 학부모 역시 '학교 측이나 담당 교사에게 문제를 제기해 조치할 것'이라고 답한 비율이 57.6%에 달했다. 교사도 부모도 책임지고 나서지 않는 탓에 아이들의 인터넷 윤리 교육에 구멍이 뻥뻥 뚫린 것이다.

교사들은 현실적 어려움을 호소한다. 경기도 시흥시 군자초등학교의 김형태 교사는 "학생들에게 악플을 달지 말라고 주입식 교육을 할 수는 있지만 이것만으로는 한계가 있다"며 "실제 아이들이 집에서 PC와 모바일로 인터넷에 글을 올리기 때문에 적절한 가정교육 없이는 악플 근절이 어렵다"고 호소했다. 김 교사는 '깨끗한 미디어를 위한 교사 운동'이라는 인터넷 윤리 교육 관련 교사 연구 모임을 이끌고 있다. '열혈교사'로 불리는 그 역시 현실적인 장벽을 극복하는 데는 한계가 있음을 인정한 것이다.

제도적 측면에서도 많은 허점이 있다. 인터넷 윤리 교육을 전담하는 과목이 별도로 없는 것이 문제다. 사회, 국어, 실과를 비롯한 몇몇 과목에서 '수박 겉핥기' 식으로 다루는 게 전부다. 인터넷 윤리를 가르치는 교사도 극소수에 불과하다는 게 내부 평가다.

그나마 전문가가 파견되는 '인터넷 윤리 순회강연'(초등학교 대상), '사이버 인성 교육'(중·고등학교 대상) 등 정부 지원 교육 프로그램이 있지만 혜택을 받을 수 있는 학교는 100곳에 불과하다. 한국정보화진흥원 관계자는 "전문가를 보내 달라는 학교 수요는 늘지만 수년째 예산이 그대로라 매년 허덕댄다"고 설명했다.

학계의 고질적인 문제인 '교사 밥그릇 챙기기' 관행이 여전한 것도 문제다. 교육부는 수년 전 인터넷 윤리 교육을 강화하는 방향으로 교과목을 대대적으로 재편해야 한다는 필요성을 절감해 수십 차례 릴레이 세미나를 열었지만 별 성과를 거두지 못했다.

세미나에 참석한 관계자는 "당시 세미나에서 인터넷 윤리 교육 강화로 과목의 영향력이 떨어질 것을 우려한 일부 교사와 교수가 어깃장을 놓는 바람에 논의를 끌고 가지 못했다"고 토로했다.

인터넷 공간에서 악플을 다는 미성년자의 심리적 특성을 잘 고려해야 한다는 조언도 나온다. 곽금주 서울대 심리학과 교수는 "청소년은 오프라인 공간에서 아무리 떠들어도 자기 목소리를 들어주지 않는다는 생각에 악플을 달아 관심을 끌기도 한다"며 "자기가 올린 글이 사회적 파장이 클 때 쾌감을 느끼며 중독되는 것"이라고 분석했다.

자극적인 글을 올려 사람들이 몰려와 반응을 보이는 것을 본인의 영향력이라 판단하고 이를 온라인에서 과시하려는 욕구가 있다는 얘기다.

몰카 범죄 10년 새 25배

'인터넷의 아버지'로 불리는 영국 과학자 팀 버너스 리Tim Berners Lee는 1989년 월드와이드웹www 시스템을 고안해 인터넷 태동에 결정적인 역할을 했다. 당시 목표는 서로 멀리 떨어져 있는 과학자끼리 유용한 정보를 효과적으로 공유하는 것이었다. 그는 이런 신념을 담아 '인터넷이 지구촌을 거미줄web처럼 둘러싸고 있다'는 뜻으로 시스템 이름을 '웹'이라 명명했다. 월드와이드웹은 2014년 영국문화원이 발표한 '지난 80년간 세계를 바꾼 사건' 순위에서 2위 페니실린을 제치고 1위에 올랐다. 인터넷 덕에 누구나 그림과 영상, 글을 자유자재로 보고 검색할 수 있게 돼 삶의 방식이 혁명적으로 바뀌었기 때문이다.

하지만 인터넷 등장 이후 30여 년간 부작용도 만만치 않았다. 특히 최근 들어 인터넷이 관음증의 해소 도구나 상대방을 협박하는 수단으로 전락하고 있어 우려를 낳는다. 누구나 정보에 접근할 수 있는 특성을 살려 근거 없이 타인을 비방하거나 그릇된 성적 욕망을 충족하기 위한 도구로 인터넷을 쓰는 것이다.

한번 인터넷에 올라간 정보는 거미줄처럼 퍼져 나가 뒤늦게 이를 인지한 피해자가 혼자서 대처하기란 불가능에 가깝다. 포털과 게시판을 일일이 뒤져 불법 동영상과 악성댓글을 지우는 전문업체가 활동을 시작한 이유다.

최근 〈매일경제〉 취재팀이 방문한 온라인 기록 삭제 전문업체 산타크루즈컴퍼니가 대표적이다. 사생활과 관련한 민감 정보를 찾아 흔적을 없애는 곳이다. 인터넷에 넘쳐 나는 쓰레기 정보는 포털과 SNS를 돌아다니며 확대 재생산되다 이곳 전문가의 도움을 받아 역사 속으로 사라지는 수순을 밟는다. '디지털 장의사'라고 불리는 이들 업체 숫자는 최근 급증해 한국에만 줄잡아 20여 곳에 달한다. 김호진 산타크루즈컴퍼니 대표는 "사업을 시작한 2008년만 하더라도 연예인 등 얼굴이 알려진 사람이 비방의 대상이었지만 최근 들어 평범한 사람으로 타깃이 옮아가고 있다"며 "불법으로 찍은 개인 성관계 동영상이 '야동'으로 둔갑해 소리 소문 없이 퍼져 가는 사례도 많다"고 말했다.

이 업체가 최근 상담한 20대 초반 커플 사례가 대표적이다. 여자 측 아버지의 강요로 헤어지자는 말을 듣고 앙심을 품은 남자가 과거 찍었던 여자의 노출 사진을 커뮤니티 게시판에 올린 것이다. 이 남자는 "엉덩이에 내 이름을 쓴 노출 사진을 추가로 보내 주면 기존에 찍은 사진을 버리겠다"고 협박했다. 노출 사진을 여자의 아버지에게 보내기도 했다.

남자친구가 나체 사진을 유포한 것에 충격을 받아 "자살하겠다"던 중학교 3학년 여학생을 상담해 삭제 작업에 들어간 사례도 있었다. 술을 마셔 인사불성이 된 여고생 '몸캠'을 찍어 "나랑 자면 자료를 인터넷에 올리지 않고 지우겠다"고 협박한 고등학생 등 충격적인 사례는 수도 없이 많았다.

김 대표는 "피해 청소년 전화가 정말 많이 걸려 온다"며 "더 큰 문제는 나도 모르는 사이에 내 자료가 인터넷에 퍼져 있는 것"이라고 말했다.

2015년 3월 99건에 불과했던 이 업체 청소년 상담 건수는 2016년 2월 155건을 기록해 1년 만에 50% 넘게 늘어났다.

스마트폰 메신저를 타고 불법 동영상이 빠르게 확산되는 것도 문제다. 'XX녀', 'XX여대 몰카' 등 자극적인 이름을 단 동영상들이 스마트폰을 통해 빠르게 퍼져 가는 것이다. 미처 손쓸 시간도 없이 내밀한 신상이 전 국민을 상대로 순식간에 노출되는 셈이다.

사회가 점차 관음증에 물들어 가는 것도 우려 대상이다. 2015년 발생한 '몰카' 범죄는 8,000여 건에 달해 10년 전에 비해 25배 이상 증가한 것으로 추산된다. 자동차 사고 시 책임 소재를 가리기 위해 도입된 블랙박스도 몰카 촬영 수단으로 전락하고 있다.

인터넷 노출 피해 시달리는 청소년

99건 (2015년 3월)
155건 (2016년 2월)

자료: 산타크루즈컴퍼니

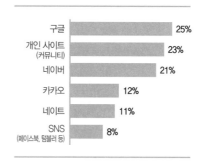

악성 댓글, 불법 동영상 어디에 퍼져 있나

구글	25%
개인 사이트 (커뮤니티)	23%
네이버	21%
카카오	12%
네이트	11%
SNS (페이스북, 텀블러 등)	8%

자료: 산타크루즈컴퍼니

김상민 전 새누리당 의원은 "언제든지 몰카로 변신할 수 있는 700만 대의 블랙박스와 450만 대의 민간 CCTV가 정부의 관리·감독 사각지대에 놓여 있다"고 지적했다.

일부 해커들은 보안이 취약한 노트북PC와 스마트폰을 노려 개인정보를 빼내는 실정이다. 인터넷 사이트에 악성 코드를 심어 좀비PC로 감염시킨 뒤 노트북PC 카메라로 전해지는 동영상을 실시간 저장하는 것이다. 노트북PC 카메라 각도에 따라 집 안 상황이 외부로 실시간 중계될 수 있다는 얘기다. 일부 해커들이 이렇게 추출한 동영상을 인터넷에 유통시켜 수익을 내는 것으로 알려졌다. 보안업체 빛스캔의 문일준 대표는 "집에서 옷을 갈아입거나 용변을 보는 장면을 찍어 돌려 보는 사례가 속속 나오고 있다"며 "인터넷을 개인의 성적 욕망을 충족하는 방식으로 악용하는 것을 막아야 한다"고 말했다.

인터넷 명예훼손 땐
엄한 처벌 받는다는 것 알려야

〰〰〰

"익명성이 사이버폭력을 부추기는 게 사실입니다. 온라인으로 남을 괴롭히면 엄한 처벌을 받을 수 있다는 걸 널리 알려야 해요."

어기준 한국인터넷윤리학회 이사는 〈매일경제〉와 인터뷰하면서 "인터넷 공간에서 벌어지는 명예훼손은 일반적인 그것보다 형량이 훨씬 높은데도 이를 인지하는 사람은 별로 없다"며 "함부로 키보드를 놀리다가 큰일을 당할 수 있다는 사실을 전파해야 한다"고 말했다. 그는 "사이버 공간의 주요 특성 중 하나는 '증폭 현상'이 나타난다는 것"이라며 "자기 생각에 맞는 글에는 과도하게 좋은 댓글을 달면서, 반대 내용을 접하면 이성과 논리가 사라진 공격적인 글을 올리는 게 사람 심리"라고 말했다.

온라인 세계에서는 내재된 공격성이 훨씬 강하게 표출된다는 것이다. 익명이 보장된 게시판에서 야한 동영상을 서슴없이 내려받거나 거래하는 것도 비슷한 맥락으로 봐야 한다는 분석이다.

어 이사는 한국 특유의 '인터넷 게시판 문화'가 문제를 부추기는 측면도 있다고 설명했다. 'PC통신'으로 인터넷 세상을 접한 한국에서는 익명 기반의 게시판 문화가 유난히 발달해 그 맥락이 그대로 이어지고 있다는 것이다. 그는 "해외 사이트를 보면 불특정 다수가 마음대로 글을 올릴 수 있는 곳은 거의 없다"고 말했다.

하지만 일각에서 주장하는 '인터넷 실명제' 등 조치는 큰 효과를 거두기 힘들 것으로 분석했다. 그는 "청와대 홈페이지 자유게시판을 실명제로 전환하자 초기에는 몸을 사린 사람들이 표현을 자제했지만 곧 다시 비방성 게시물들이 올라오기 시작했다"고 설명했다.

결국 사회적인 학습을 통해 인터넷문화를 개선하는 것이 문제 해결의 근본이라는 게 어 이사 주장이다. 그는 "차를 몰아 보지 않은 어린이들이 '음주운전은 나쁜 것'이라고 인지하는 것은 그만큼 교육이 잘됐기 때문"이라며 "정부가 앞장서 인터넷문화 개선 운동을 지속적으로 펼쳐야 한다"고 주장했다.

10대들의 '온라인 멍에' 씻어 주는 디지털 장의사

"울면서 업체를 찾아오는 학생들에게 돈을 받을 수가 없었다. 과거 게시물들을 무료로 삭제해 주는 대신 사회봉사를 요구하고 있다."

김호진 산타크루즈컴퍼니 대표는 요새 한창 유망직종으로 불리는 '디지털 장의사'의 원조 격이다. 김 대표는 본래 모델에이전시 대표로 있었으나 10여 년 전 업종을 바꿨다. 당시 한 TV광고에 출연시켰던 초등학생 모델이 인터넷에서 온갖 악플에 시달리며 정상적인 생활이 어려워지자 그녀를 돕는 차원에서 악플들을 삭제해 줬다. 이후 다시 학교생활에 잘 적응하면서 본래 모습을 되찾은 것에 큰 보람을 느낀 김 대표는

2008년 본격적으로 인터넷 평판관리 사업에 뛰어들었다.

　김 대표는 인터넷에서 본인의 과거를 지우고 싶은 모든 이들을 대상으로 영업을 하고 있다. 그의 고객 리스트에는 유명 연예인과 대기업도 포함돼 있다. 하지만 김 대표는 청소년들에게만큼은 무료로 서비스를 제공한다. 의뢰자 중 40%가 미성년자인 것을 감안하면 막심한 손해를 감수하고 있는 것이다.

　몇 년 전 헤어진 남자친구에 의해 본인의 나체 사진이 온라인에 유포된 한 소녀가 사무실로 전화를 걸어 온 게 계기가 됐다. 울면서 사진들을 지워 달라고 말하던 소녀는 김 대표에게 "성인이 돼서 돈을 갚겠다"고 말했다. 이를 너무 안타까워한 김 대표는 한 푼도 받지 않고 소녀의 나체 사진들을 찾아 전부 삭제해 줬다. 이후 김 대표는 미성년자들에게는 돈을 받지 않기 시작했다. 김 대표는 "청소년들을 계속 무료로 해 주다 보니 회사가 문 닫을 뻔한 일도 있었다"고 말했다. 그는 "임대료를 낼 돈이 없어 사무실을 옮겨 다니기도 했다"고 했다.

　이후 학생들에게도 대가를 받아야겠다고 느낀 김 대표는 한 가지 아이디어를 고안해 낸다. 돈을 받는 대신 학생들에게 사회봉사를 요구한 것이다. 사회봉사 확인서를 제출한 학생들에게만 무료로 삭제 서비스를 제공하기 시작한 것이다. 김 대표는 "청소년 의뢰자 중 대다수는 본인의 부분적 과실에 의해 인터넷에 부적절한 게시물들이 유포된 것"이라며 "이들에게 책임의식을 심어 줘야겠다고 생각했다"고 했다. 김 대표는 "우리 서비스가 아이들의 상처도 씻어 주면서 교화기능까지 더해져 매우 큰 보람을 느끼고 있다"고 말했다.

인터넷 악플에 맞선 남자

"사람들이 안전벨트를 매는 것은 벌점이 두려워서가 아니다. 생명을 잃을 수도 있다는 사실을 본인이 인지하고 이를 습관화했기 때문이다. 인터넷악플 또한 마찬가지다. 내가 끊임없는 캠페인 활동으로 악플에 맞서는 이유다."

민병철 선플운동본부 이사장은 한국 악플 방지 운동(선플운동)의 선구자다. 9년 전 악플에 시달리다 스스로 목숨을 끊은 한 여가수 사건을 계기로 선플운동본부를 설립한 민 이사장은 그간 선플운동 관련 각종 강연과 캠페인 활동에 앞장서 왔다.

또 60만여 명의 선플 자원봉사단을 발족해 선플 달기 운동을 진행하고 있다. 이들 자원봉사단은 각종 악플이 달린 게시물을 검색해 내 악플의 위험성을 알리는 댓글을 다는 활동을 하고 있다. 이렇게 온라인에 게재된 선플이 현재까지 650만 개. 2015년 민 이사장의 선플운동에 참여했던 울산시교육청은 선플인성교육 도입 이후 학교폭력이 절반 이하로 감소했다는 발표를 내놓기도 했다.

민 이사상은 "선플인성교육에 참여하는 청소년들이 긍정적으로 변해 가는 모습을 보는 것이 내게는 가장 큰 보람"이라고 말했다. 민 이사장은 "선플이 주는 긍정의 에너지는 놀라운 확장성을 지니고 있다"고 했다.

그는 2012년 우송중학교 수학여행 버스 전복 사고로 아직도 병실에

누워 있는 임재윤 학생을 언급했다. "재윤이를 위한 선플 달기 운동을 진행하는 과정에서 학교 학생들이 악플의 폐해와 선플의 중요성을 스스로 깨달았다"며 "이 학교 학생들 사이에서 악플이 완전히 사라졌다"고 말했다.

민 이사장은 최근 중국에서도 각종 강연과 토론회 참여로 선플운동을 확산시키고 있다. 최근에는 항저우에서 국숫집을 하며 한 그릇을 팔 때마다 1위안씩을 기부하는 장청량 씨에 대한 선플운동을 진행해 중국 내에서 화제가 되기도 했다.

6적_착

단기 성과에만 집착

窄

좁을 착

窄

단기 성과에 집착하는 한국 사회의 문화는 유소년 스포츠 선수 육성 방식에서 극명하게 드러난다. 입상 경력이 있어야 자녀를 대학에 보낼 수 있는 학부모, 대회에서 우승해야 신분을 유지할 수 있는 지도자들 때문에 창의성을 죽이고 당장의 성적만 끌어올리려는 분위기가 만연해 있다.

프랑스에서 유소년 선수 생활을 경험한 김태룡 KBS 해설위원은 해외 유소년 지도자들의 목표는 선수 육성인데, 한국은 대회 우승과 진학이라고 꼬집었다. 스페인에서 유소년 축구코치를 지낸 조세민 서울이랜드FC 유소년팀 감독 역시 한국은 무조건 이기는 축구를 강조하는 반면 스페인은 즐기는 축구를 가르친다고 말했다. FC바르셀로나의 유소년 축구학교 FCBEscola가 1년을 못 버티고 한국에서 철수한 것도 이 때문이었다. 한국에 선진 축구 문화를 전파하려고 했지만 환경이 뒷받침되지 못했다. 학생들의 대회 출전을 자제하며 즐기는 축구를 가르치려던 FCBEscola는 결국 스펙 쌓기에만 관심을 갖는 학부모 때문에 일본으로 둥지를 옮겨야 했다. FCBEscola 한국학교 설립을 진두지휘한 차비 몬델로 총괄디렉터는 이런 독특한 문화는 한국밖에 없다는 말을 남겼다.

미래를 보고 기초 토양부터 다지는 중장기적 비전은 한국 사회에서 찾아보기 힘들다. 반면 단기 성과를 내는 데 급급해 큰일을 그르치는 모습은 너무나도 익숙하다. 일본 휴대용 게임기 닌텐도DS가 인기를 끌던 2009년, 갑작스럽게 추진한 명텐도(이명박+닌텐도) 개발 정책이 대표적이다. 당시 이명박 대통령은 닌텐도 같은 게임기 개발에 만전을 기하라고 관계부처에 주문했다. 이에 지식경제부는 당장 60억 원 투입을 발표했고, 문화체육관광부도 게임 연구개발(R&D) 예산 일부를 부랴부랴 비디오 게임기 개발로 돌렸다. 하지만 결과는 철저한 실패다. 명텐도 바람을 타고 그해 6월 출시된 GP2X위즈의 판매량은 저조했고, 제작사인 게임파크홀딩스는 2013년 폐업했다.

이런 문화
한국밖에 없다

"이런 독특한 문화는 대한민국밖에 없다."

차비 몬델로 바르셀로나 한국 축구학교FCBEscola Korea 총괄디렉터가 2015년 한국을 떠나면서 남긴 말이다. 전 세계 유소년 축구 선수들에게 선진 육성 시스템을 전파하고 있는 세계 최고 명문 구단 FC바르셀로나는 결국 1년간의 준비 과정을 뒤로 한 채 2015년 5월 한국 축구학교 설립을 포기했다. 이유는 단기 성과에 집착하는 한국 축구계의 현실 때문이다.

당시 몬델로 디렉터와 함께 바르셀로나 한국 축구학교 설립을 준비했던 조세민 서울이랜드FC 12세 이하 유소년팀 감독은 당시 상황에 대해 "유소년 단계에서부터 지나치게 성과를 추구하는 축구문화에 몬델로 디렉터가 적응하지 못했다"고 설명했다.

바르셀로나 축구학교는 설립 목적상 13세 미만 유소년팀의 대회 참가를 거부했다. 바르셀로나만의 선진 축구 문화를 학생들이 즐기고 기본기를 익히게 하려는 것이 목적이었지, 대회에 나가 곧바로 성과를 내려는 것이 아니었기 때문이다.

하지만 자식들이 축구 선수로서 대회 우승 경력 등 스펙 쌓기를 바라는 한국 부모들이 바르셀로나 축구학교를 외면했다. 실적이 중요한 초등학교 축구 지도자들 역시 자기 학교 선수들을 바르셀로나 축구학교에 보내지 않았다. 신청자가 예상보다 적어 바르셀로나는 7개월 만에 한국 학교 설립을 포기했다.

한국을 떠난 바르셀로나 축구학교는 그동안 끊임없이 유치 신청을 해 온 일본 도쿄 도 가쓰시카에 설립됐다. 바르셀로나 축구학교는 리오넬 메시, 안드레스 이니에스타 등 세계 최정상급 축구 선수들을 배출해 낸 바르셀로나 유소년 육성 프로그램을 그대로 이식해 만든 교육기관으로, 수많은 슈퍼스타를 길러 낸 '축구성지'를 한국이 스스로 일본에 헌납한 셈이다. 바르셀로나 축구학교가 일본과 중국, 심지어 인도와 같은 축구 불모지에서도 성공적으로 운영되고 있다는 점을 생각하면 한국의 유소년 스포츠 육성 문화가 얼마나 왜곡되어 있는지 짐작할 수 있다.

중장기적인 안목으로 육성해도 세계적인 선수가 나올까 말까 하는 환경에서 스포츠 지도자들과 학부모들은 눈앞의 과실에만 목이 말라 있다.

프랑스 축구 명문 파리생제르맹에서 유소년 선수 생활을 경험했던 김태륭 KBS 해설위원은 "외국 지도자들의 목표가 '선수 육성'인 데 반해 한국은 대회 우승과 진학"이라고 설명했다. 한국에서는 명문 고등학교나 대학에 진학하려면 대회 우승 경력이 있어야 하기 때문에 모든 초점이 시합에서 이기는 것, 나아가 대회 우승에만 맞춰져 있다는 것이다.

지도자들이 단기적인 성과에 매달리다 보니 결과적으로 선수들이 피해를 보기도 한다. 전체적인 실력 저하뿐 아니라 잦은 부상에 따른 선수 생명 단축으로도 이어질 수 있다는 게 김 위원의 지적이다.

"큰 체격에 100m를 13초대에 주파할 수 있는 초등학교 선수에게 한국 지도자들이 주로 주문하는 것은 '치고 달려'다. 초·중등 수준에서는 체격과 스피드의 우위로 이게 통할 수 있으나 남들과 체격이 비슷해지는 성인 무대에 서면 이 선수는 필드에서 사라진다. 기본기와 전문적 테크닉 없이 '치고 달리는' 플레이만 지시받아 왔기 때문이다."

조세민 서울이랜드FC 12세 이하 유소년팀 감독은 "한국에서는 지도자들이 무조건 '이기는 축구'를 강조하는 반면 스페인은 '즐기는 축구'를 가르친다"고 말했다.

조 감독 역시 한국 유소년 축구 시스템의 희생양이다. 고교 시절 인대 부상을 안은 채 수많은 토너먼트 대회를 치른 그는 충분한 재활훈련을 하지 못해 결국 프로생활을 1년 만에 접어야 했다. 그는 군 제대 후 선진 축구 문화를 배우기 위해 스페인으로 떠났다. 그는 "과거 학원 축구에 팽배해 있던 구타문화도 결국 지도자들이 단기적인 성과에만 매몰되었기 때문"이라고 지적했다.

김 위원은 "대다수의 학교가 코치 월급 등 축구부 운영비를 학부모

회비에 의존하고 있기 때문에 학부모가 원하는 성과를 내 줘야 한다"며 "박봉에 성과가 안 나오면 잘리기 일쑤이니 무조건 '이기는 축구'를 할 수밖에 없는 구조"라고 말했다. 그는 이러한 한국 유소년 축구 문화가 "축구선수뿐 아니라 한 인간으로서 지녀야 할 창의성, 책임감, 의사결정 능력 저하로 이어질 수 있다"고 분석했다. 초등학교 때부터 감독이 시키는 대로만 축구를 하다 보니 창의성과 의사결정 능력이 떨어지고, 본인의 실수를 자신이 아닌 감독의 탓으로 돌리기 때문에 책임의식이 저하된다는 것이다.

김 위원은 "늘 시키는 대로만 하니 선수 생활을 그만둔 이후에도 뭘 해야 할지 몰라 하는 선수가 많다"고 덧붙였다.

현재 한국 유소년 축구는 주말리그제가 정착되면서 이전보다 상황이 나아지고 있다. 경기가 많은 토너먼트 대회는 방학에만 치를 수 있고, 학기 중 리그 경기는 주말에만 열린다. 이에 따라 지도자들도 장기적인 안목으로 훈련 프로그램을 구성할 발판이 마련됐다.

진정한 고민 부재한
영혼 없는 정책 수립
〰〰〰〰

　일본의 휴대용 게임기 '닌텐도DS'가 선풍적인 인기를 끌고 있었던 2009년. 그해 2월 정부과천종합청사에서 열린 비상경제대책회의에서 이명박 대통령은 "요즘 초등학생들이 닌텐도 게임기를 많이 가지고 있던데 우리는 개발해 볼 수 없느냐"며 "닌텐도 같은 게임기 개발에 만전을 기해 달라"고 주문했다. 그렇게 이른바 '명텐도(이명박+닌텐도)' 만들기는 일사천리로 진행됐다. 당시 지식경제부는 60억 원을 투입하기로 했고 문화체육관광부에서도 게임 연구개발R&D 예산 일부를 비디오게임기 개발에 지원하겠다는 계획을 내놨다.

　하지만 결과는 처참했다. 휴대용 게임기 제작업체 게임파크홀딩스가 기존에 개발 중이던 'GP2X위즈'가 6월 시장에 나왔지만 판매량은 저조했고 이후 정부 지원금을 받은 게임파크홀딩스는 2013년 3월 폐업하는 신세가 됐다. 같은 해 4월 정부에서 5억 원을 지원받은 SK텔레콤 TU미디어와 게임업체 겜브로스는 연말 출시 예정이던 게임기를 아예 내놓지도 못했다. 중장기적 계획 없이 대통령의 한마디에 급조된 인스턴트 정책의 대표적인 실패 사례다.

　2016년 3월 구글의 인공지능AI '알파고Alphago' 열풍이 전국을 휩쓸었다. 아니나 다를까. 정부는 급작스럽게 인공지능 대책을 내놓기 시작했다. 알파고 열풍 전까지만 해도 인공지능 기술 육성에 연간 300억 원을 투입하겠다던 미래창조과학부는 갑자기 5년간 3조 5,000억 원을 투입하겠다고 밝혔다. 이 가운데 정부 예산은 1조 원으로, 당초 계획보다 연간 6~7배가량 늘어난 액수다.

급하게 내놓은 대책인 만큼 발표에는 조급증이 담겨 있다. 대책에는 '세계 최고 수준의 기술역량을 단기간에 확보', '2020년까지 언어지능 지식축적 세계 1위' 등 성과 중심의 다소 비현실적인 목표들이 나열됐다.

구글은 2009년 자율주행차 개발을 시작으로 최근 7년간 인공지능, 로봇, 클라우드컴퓨팅 기술 관련 업체를 줄줄이 인수하며 수십조 원을 투자해 왔다. 그렇게 나온 결과물이 알파고다. 하지만 정부는 이런 구글의 역량을 단기간에 뒤집겠다는 것이다. 불과 한 달 전만 해도 인공지능 개발에 소극적이던 정부가 말이다.

앞으로 지속적인 정책과 지원이 없다면 인공지능 기술 양성도 흐지부지될 가능성도 배제할 수 없다. 그만큼 준비 기간이 짧았기 때문이다.

이창원 한성대 행정학과 교수는 "중장기적인 비전을 갖고 정책을 발표하는 것이 도리어 정책에 대한 신뢰를 높일 수 있다"고 말했다. 이 교수는 "정부 정책은 기업이나 산업계보다 더 먼 곳까지 바라봐야 한다"며 "누가 보더라도 타당한 정책 방향을 제시하려면 좀 더 신중하게 정책을 결정해야 한다"고 말했다.

2015년에도 정부는 코리아 블랙프라이데이를 한 달 만에 급조했다. 미국의 대규모 할인행사인 블랙프라이데이, 중국의 광군제를 벤치마킹해 나온 정책이었다.

2015년 8월 기획재정부가 발표한 '민간 소비 활성화 방안'에 코리아 블랙프라이데이가 언급됐다. 실무부서인 산업통상자원부가 해당 사안을 준비했고 기재부는 불과 한 달 만인 9월 22일 추진계획을 공식 발표했다. 업체들에 참여 공문이 뿌려진 것도 이때다. 한 달 만에 기획된 행사에 업체에 주어진 시간은 열흘도 채 안 됐다. 침체된 내수 경기를 살리자는 취지는 좋았지만 준비 없이 진행된 행사였기 때문에 기존 정례 세일과 다름없는 속 빈 강정 행사가 될 수밖에 없었다.

부작용도 나타났다. 겉으로 드러난 매출은 늘어났지만 할인에 대한 부담은 고스란히 중소기업에 전가됐다. 롯데백화점과 거래하는 중소기업 A사의 경우 2015년 10월 매출이 약 20억 원으로 평월 대비 두 배 이상을 기록했다. 당시 1일부터 14일까지 열린 코리아 블랙프라이데이 덕분이었다. 하지만 매출 증가에도 이익은 오히려 줄었다. 할인율만큼 납품 단가는 낮아졌는데 수수료 할인은 3%포인트에 불과했기 때문이다. A사 대표는 "보통 10억 원어치 팔면 1억 원 정도는 이익을 거두는데 세일행사는 많이 팔아도 거의 남는 게 없었다"고 말했다.

A사 사례와 유사한 사례는 코리아 블랙프라이데이, 코리아 그랜드 세일, 케이세일데이 등 정부 주도로 열린 대형 할인행사에 참여한 납품업체들 사이에서 심심찮게 찾아볼 수 있다.

실제 중소기업중앙회가 2015년 말 실시한 실태조사에 따르면 3대 할인행사에 참여한 중소 납품업체 115개사 중 65.2%가 기존 수수료율과 변동이 없거나 오히려 인상 요구를 받았다. 59.1%가 동일한 수수료율을 적용받았고 6.1%는 오히려 수수료율이 인상됐다.

소비자들을 만족시킨 것도 아니다. 외국만큼 파격적인 할인율을 기대했지만 정작 할인율은 크지 않았기 때문이다. 이는 한국과 미국의 다른 산업 구조가 원인이다.

미국 블랙프라이데이는 유통업체의 '재고 처분' 성격이 강하다. 미국은 유통업체가 제조업체로부터 직접 제품을 구입하는 '직매입' 방식으로 상품을 조달한다. 이 때문에 신제품 출시를 앞두고 재고 부담을 낮추기 위해 파격적인 할인을 할 수밖에 없는 것이다.

반면 국내 유통업체들은 상품을 외상으로 받고 팔린 금액만 수수료 떼고 후불 결제하는 특약매입 방식으로 제품을 판매한다.

유통업체 입장에서 급히 처분해야 할 물량이 없으니 파격적인 할인 자체가 불가능하고, 할인에 따른 부담이 고스란히 중소 협력사에 전가되는 구조다. 상황이 이렇다 보니 코리아 블랙프라이데이 수혜자는 소비자나 제조사가 아닌 백화점, 마트 등 유통업체였던 것이다.

이창길 세종대 행정학과 교수는 "다른 나라는 정책을 만드는 과정에서 의견 수렴이 투명하게 진행된다"며 "한국은 진정 고민하는 노력이 보이지 않고 형식적으로 전시적으로만 정책을 만드는 것 같다"고 지적했다.

초단타매매에 빠진 한국인

∿∿∿∿

"일주일 안에 두 배 날 수 있는 종목 추천 좀 해 봐요."

증권사 영업점 직원 A씨는 단기간에 '대박' 날 종목을 추천해 달라는 고객 요구가 제일 난감하다. 추천한 종목에서 수익이 나면 다행이지만 쪽박을 차면 책임질 방법이 없기 때문이다.

추천한 종목의 주가가 공교롭게도 다음 날 떨어져 항의 전화를 받은 것이 한두 번이 아니다. 그렇다고 고객 요청을 무시할 수도 없다. 가만히 있다가는 다른 회사에 고객을 뺏길지도 모르기 때문이다. A씨는 "1년 동안 1억 원 수익을 내 줬는데 다음 해에 4,000만 원 손실이 나니 욕하면서 바로 다른 증권사로 갈아탄 고객도 있다"고 말했다.

한국인들은 금융 자산에 투자할 때도 단기 성과에 집착하는 경향이 강하다. 단기 투자가 위험함에도 불구하고 일확천금을 얻을 수 있다는 유혹에 눈멀어 도박에 베팅하는 투자자가 많다.

한국인들이 주요 선진국보다 단기수익률에 집착한다는 조사 결과도 있다. 프랭클린템플턴투신운용이 전 세계 23개 국가 1만 1,508명의 투자자를 대상으로 '글로벌 투자자 심리 조사'를 실시한 결과, 한국 투자자의 81%가 투자 성과를 평가할 때 2년 이하의 기간을 고려한다고 답해 전 세계 투자자들의 평균치(59%)를 크게 웃돌았다. 반면 3년 이상의 기간을 고려한다는 한국 투자자들은 19%에 그쳐 전 세계(40%)뿐 아니라 영국(68%), 캐나다(66%), 호주(65%) 투자자보다 훨씬 적었다.

주식시장에서는 하루에만 한 종목을 두 번 이상 매수·매도하는 초단타 매매도 급증하고 있다. 한국거래소에 따르면 2015년 데이트레이딩 거래량과 거래대금은 각각 1,194억 주, 658조 원어치에 달했는데 전년 대비 두 배 증가한 수치다.

2015년 데이트레이딩 거래량은 전체 거래량의 45.4%로 최근 3년 이래 가장 높은 비중을 차지했다. 데이트레이딩 거래량의 97%가 개인투자자 몫이었다. 단기 투자자가 많아지면 주식시장은 변동성이 커지고, 장기적이고 안정적인 투자 수익을 기대하기 어렵게 된다.

조재영 NH투자증권 프리미어블루 강남센터 PB부장은 "특정 이벤트나 소위 '작전'이라고 불리는 수급 효과를 기대하고 단기간에 매매차익을 노리는 투자자가 많다"며 "단기 투자를 선호하는 추세 때문에 회사 경영자들도 장기적으로 기업 실적을 제고하고 배당을 늘리기보다 일시적으로 주가를 부양하는 데 치중하는 악순환이 반복된다"고 말했다.

7적_종

사라진 공공장소 에티켓

방송할 종

縱

공공장소에서 남을 배려하는 에티켓은 분명 의무는 아니다. 하지만 서로를 배려하지 않는 행동 하나하나는 눈살을 찌푸리게 한다. 자칫 험악해질 수 있는 상황에서도 작은 에티켓만 지켜지면 훈훈한 마무리로 이어질 수 있다.

사회가 각박해지는 건지 아니면 에티켓에 대한 인식이 좀 더 높아지는 건지 최근 들어 공공장소에서 서로를 배려하지 않은 행동들에 대한 비난이 거세지고 있다. 대표적으로 '맘충이', '개저씨' 같은 에티켓을 지키지 않는 사람들을 비난하는 신조어들이 생겨 나고 있다.

맘충이는 엄마를 지칭하는 맘(mom)과 벌레를 뜻하는 한자 충(蟲)을 결합한 말이다. 공공장소에서 내 아이만 소중하게 생각하고 남에게 피해를 주는 행동을 일삼는 엄마들을 지칭한다. 음식점에서 아이들이 마구 뛰어 놀아도 제재하지 않고 어딜 가든 자기 아이들을 무기로 혜택을 요구한다. 상대적으로 아이들의 무례함으로 피해를 보는 사람들에 대한 배려는 온데간데없다.

개저씨는 개념 없는 아저씨 혹은 개와 아저씨의 합성어다. 남을 생각하지 않고 자기 마음대로 행동하는 중년남성을 지칭한다. 성희롱적 발언을 일삼고 자신보다 어린 사람들에게는 일방적인 복종을 강요한다. 혹시라도 자신의 권위에 도전하면 불같이 화를 낸다.

맘충이, 개저씨 등 에티켓을 지키지 않는 사람들의 머릿속에는 배려라는 생각이 실종되어 있다.

재미 위한 게임에서
고통 주는 게임으로

"너희 부모님은 안녕하시냐, 니 손가락은 몇 개냐, 미드 오픈할 테니까 알아서 해라."

김유석(가명) 씨는 온라인 게임에 접속할 때마다 극도의 스트레스를 받고 다시 로그아웃하기 일쑤다. 김 씨가 5대 5 팀게임에서 작은 실수를 하자 다른 플레이어들에게서 온갖 욕이 쏟아졌다. 김 씨는 물론 김 씨의 가족에 대한 인신공격성 발언이 이어졌다. 미안하다고 연신 사과하는 김 씨를 아랑곳하지 않고 "니 인생은 쓰레기다"라는 극단적인 발언까지 나왔다.

욕설이나 폭언뿐만 아니라 정상적인 게임 진행을 방해해서 피해를 주는 경우도 많았다. 한 플레이어는 자신이 원하는 게임캐릭터를 선택하지 못한 것에 불만을 품고 상대팀에게 고의적으로 '죽어 주는' 플레이를 반복했다. 김 씨는 "스트레스를 풀고 재밌게 즐기고자 시작한 게임인데 도저히 이해할 수 없는 일이 많다"며 아쉬움을 토로했다.

김 씨가 플레이한 게임은 '리그오브레전드League of Legends'다. 3대 3 또는 5대 5 팀게임으로 진행되며 적진을 점령하면 이기는 게임 룰 때문에 플레이어들 간의 경쟁이 치열하다. 경쟁이 과열되면서 상대방에 대한 공격적인 언행을 일삼거나 고의적으로 게임을 방해하면서 상대방에게 피해를 주기도 한다.

익명성의 가면 뒤에 숨어 타인에게 공격적인 언행을 서슴지 않는 현상은 온라인에서 자주 발생했다. 이러한 욕설과 폭언은 10대 청소년들이 자주 이용하는 게임에도 그대로 노출되고 있다. 고의적으로 게임 진행을 방해하거나 타인을 괴롭히면서 채팅 등으로 불쾌감을 주는 '노매너' 플레이 또한 끊이지 않는다.

리그오브레전드의 개발·서비스 업체는 2015년 9월부터 '머신 러닝Machine Learning'이라는 인공지능 시스템을 활용해서 플레이어들에게 즉각적 피드백을 주고 있다. 게임 종료 후 15분 이내에 해당 게임에서 언어폭력을 비롯한 노매너 플레이를 한 플레이어들에게 제재를 가하고 있다.

업체 관계자는 "공평하고 즐겁게 게임을 플레이할 수 있도록 건전한 게임 환경 구축에 최선을 다하고 있다"며 "빠른 제재와 즉각적인 피드백을 통해서 다시는 노매너 플레이를 반복하지 않도록 심리적으로 유도하고 있다"고 말했다.

버스정류장 앞
소리 없는 난투극

〰〰〰〰

2016년 4월 1일 오후 7시께 명동성당 앞은 퇴근 후 버스를 타는 사람들로 북적였다. 수십 명이 퇴근길 버스를 타기 위해 기다리고 있었다. 버스가 오기 전까지 그런대로 유지되던 정류장 앞 질서는 버스가 하나둘 도착하자 이내 무너졌다. 기다리던 버스가 도착하자 사람들은 버스가 정차할 위치로 미리 가서 서로 먼저 타기 위해 자리를 선점하려 했다.

게다가 버스가 완전히 도착하기 전 미리 차도로 내려가는 사람들도 쉽게 찾아볼 수 있었다. 버스를 쫓아 차도로 내려온 사람들의 시선은 이동하는 버스에 향해 있었다. 버스의 도착 지점에 맞춰서 제일 먼저 타야겠다는 생각이 머릿속을 가득 채운 듯했다. 시선이 문 쪽에 맞춰져 있다 보니 자칫 잘못하면 버스 바퀴에 발이 밟히는 아찔한 상황이 연출될 수 있는 상황이었다.

버스가 도착하자 눈치 싸움이 벌어졌다. 버스 앞문을 두세 겹 둘러싼 사람들은 문이 열리자마자 서로 먼저 앞문에 오르기 위해 가벼운 몸싸움을 벌였다. 앞서 승차하는 승객에게 눈을 흘기는 사람도 있었다.

70대로 추정되는 한 할머니도 무질서에 내몰렸다. 노약자가 자칫하면 다칠 수 있는 상황이었지만 할머니를 위한 배려는 찾아볼 수 없었다. '내가 먼저 타야지'라는 작은 이기심이 만든 무질서였다.

해당 버스 정류장은 경기도 분당, 용인 등으로 가는 광역버스들이 서는 곳이다. 한 시간가량 버스를 타야 집에 도착하기 때문에 조금이라도 먼저 타 좌석을 확보하려는 경쟁이 일반 시내버스보다 치열하다. 좌석 확보에 밀려 질서나 배려는 뒷전이었다.

서울에서 분당으로 출퇴근하는 김정수(가명) 씨는 "퇴근시간대에 명동 인근에서 분당 가는 버스를 탈 때는 자리를 확보하기 위한 눈치 싸움이 벌어진다"며 "조금만 먼저 타면 편하게 앉아서 갈 수 있기 때문"이라고 밝혔다.

사라진
공공장소 에티켓

〰〰〰〰〰

'핑크카펫, 내일의 주인공을 위한 자리입니다.'

지하철 임산부배려석에 써 있는 문구가 무색하게도 임산부를 위한 배려는 부족했다. 〈매일경제〉가 2016년 4월 1일 2호선 열차 15개를 직접 돌아보며 현장을 점검한 결과 15개 열차에 마련된 총 300개 핑크석 중 101개 좌석에 남성 승객이 앉아 있었다.

오전 10시께 한가한 시간대여서 열차 안에는 빈자리가 많았음에도 임산부배려석에 앉은 남성을 찾는 것은 어렵지 않았다. 열차 내에서는 '초기 임신부를 배려해 자리를 비워 달라'는 안내방송이 흘러나왔지만

'핑크카펫, 내일의 주인공을 위한 자리입니다'라는 문구가 적힌 임산부배려석

한국 사회는 지금 다른 사람을 배려할 여유가 없다.

자리를 차지한 남성들은 전혀 개의치 않는 모습이었다.

만원 지하철도 아니었다. 다른 빈자리도 많았지만 좌석 끝자리 핑크석에 앉으면 팔걸이를 이용할 수 있다는 편리함 때문인지 굳이 핑크석에 앉은 승객이 많았다.

남성뿐 아니라 교복을 입은 여학생 등 임신부라고는 보기 어려운 여성도 아무 거리낌 없이 핑크석을 이용했다.

핑크석에 앉은 한 남성에게 조심스럽게 "여기 임신부를 위한 자리 아닌가요?"라고 말을 건넸다. 스마트폰에 열중하던 이 남성은 무슨 상관이냐는 눈빛으로 기자를 힐끔 쳐다보며 "어차피 다른 남는 자리도 많잖아요"라고 받아쳤다.

〈매일경제〉가 한국리서치와 함께 1만 4,023명에게 설문조사를 한 결과 '공공장소에서 타인을 배려하지 않는 행동'이 선진국 진입을 가로막는 우리 마음속 10적 중 하나로 꼽혔다. 남을 배려하지 않는 행동이 사회 갈등으로 이어질 수 있다는 지적이 많았다.

임산부배려석 30%는 남성이 점거

*2016년 4월 1일 오전 10시께 15개 2호선 열차 대상 조사

전체 임산부
배려석 300개

남성이 착석한
배려석 101개

김원섭 고려대 사회학과 교수는 "한국 사회는 지금 다른 사람을 배려할 여유가 없다"며 "우리는 다른 사람을 협력자로 보기보다는 경쟁자로 보고 있다"고 지적했다. 김 교수는 "자기뿐 아니라 전체를 생각하고 다른 사람을 고려하는 여유가 없다"고 덧붙였다.

타인을 배려하지 않는 행동은 생활 속에서 쉽게 찾아볼 수 있었다.

같은 날 서울 서초구 강남고속버스터미널 지하쇼핑센터 출입구에서 뒷사람을 위해 문을 잡아 주는 '도어 에티켓'이 얼마나 지켜지는지 확인해 봤다. 30여 분 동안 출입구를 드나든 사람은 503명이었다. 이 중 뒷사람을 위해 문을 잡거나 뒷사람이 오는지 확인한 사람은 72명(14.3%)에 불과했다. 72명 중 절반가량은 일행을 위해 문을 잡아 준 것이다. 전혀 모르는 타인을 위해 배려를 보인 사람은 10%도 채 안 됐던 셈이다.

30분 동안 관찰한 것이지만 '도어 에티켓'을 지키지 않아 위험한 사고로 이어질 수 있는 상황이 여러 차례 목격됐다. 대부분 시민은 앞사람이 지나간 후 닫히는 문을 힘겹게 다시 밀고 있었다. 맞은편에서 걸어온 시민 또한 열리는 문을 급하게 잡아챘다.

한 20대 여성은 앞사람이 놓아 버린 문이 강하게 닫히는 찰나에 문틈 사이로 빠져나가다 문에 머리를 부딪힐 뻔했다. 또 다른 어린이도 앞사람이 무심코 놓아 버린 문에 다칠 뻔했다. 어린이 보호자가 급히 문을 손으로 막지 않았다면 사고로 이어질 수도 있었다.

유모차를 끌고 가던 한 여성이 끙끙대며 한 손으로 출입문을 열면서 지나가고 있었지만 주변 사람 가운데 그녀를 도와주는 이는 아무도 없었다. 뒷사람이 오는지 한번 확인하는 것은 크게 어려운 일이 아니지만 타인을 배려하는 습관이 몸에 배지 않은 탓에 시민들은 무심코 문을 열고 갈 길을 갔다.

김병관 아주대 사회학과 교수는 "과거에 우리는 제한된 범위의 네트워크 속에서 살아왔기 때문에 자신이 속한 집단이 아닌 불특정 다수의 사람과 더불어 사는 법을 체계적으로 배우지 못했다"며 "교육을 통해서 타인에 대한 배려를 정착시키고 확산시켜야 한다"고 말했다.

배려가 실종된 사회에서 생겨난 신조어들

"엄마, 어른들이 저렇게 애들을 내버려 두는 게 이해가 안 가요."

2015년 8월 가정주부 이안숙 씨가 한 공연장에서 초등학생 자녀들에게 들은 말이다. 이 씨는 자녀들과 함께 H백화점 문화센터에서 경찰 홍보단 '선선선, 선을 지키자'라는 주제로 진행된 공연을 관람하다가 황당한 일을 겪었다.

공연 시작과 함께 분위기는 달아올랐고 4~5세로 보이는 여자아이가 무대 아래로 나와서 춤을 추며 돌아다니기 시작했다. 이 씨는 '꼬마 아이니까 아직 몰라서 저러겠지'라고 생각했지만 아이를 제지하는 사람은 아무도 없었다. 한참 후 이 씨가 다시 살펴보니 아이 엄마로 보이는 한 여성이 맨 앞줄에 앉아 아이가 춤추는 모습을 동영상으로 촬영하고 있었다. 촬영을 마친 여성은 좌석으로 돌아갔고 계속해서 춤추며 돌아다니는 아이를 말리지 않았다. 그 아이를 따라 다른 아이들까지 무대 아래로 나오면서 공연장은 어수선해졌다. 즐거웠던 공연이 불쾌해지는 것은 한순간이었다.

이 씨 자녀들은 "부모가 너무 이기적"이라며 "왜 저렇게 하도록 놔두는지 이해가 안 된다"고 입을 모았다. 이 씨 또한 "'선을 지키자'라는 주제의 공연이 '선'을 지키지 않는 부모 때문에 엉망이 됐다"고 말했다.

'맘충이'라는 신조어가 인터넷상에서 화제가 되고 있다. 엄마를 지칭하는 맘mom과 벌레를 뜻하는 한자 충蟲을 결합한 말이다. 내 아이 소중한 줄만 알고 공공장소에서 아이가 타인에게 피해를 주는 행동에 대해서는 무관심한 사람을 지칭한다. 이들에게 피해를 당한 사람들이 아이 엄마에게 벌레라는 혐오적인 표현까지 붙인 것이다.

서울 광진구에 있는 S레스토랑 뷔페에서 아르바이트를 하던 김새암 씨는 '도를 넘는 요구'를 하는 젊은 엄마들 때문에 너무 힘들었다고 토로했다.

36개월 이상 유아에게는 요금이 부과된다고 김 씨가 안내하자 한 여성이 "아이들이 먹으면 얼마나 먹느냐"며 막무가내로 무료 식사를 요구했다. 또 다른 여성은 레스토랑에서 제공하는 조각 케이크를 보고 "우리 아이가 오늘 생일인데 케이크 하나를 통째로 가져가서 생일 파티를 할 수 있게 해 달라"고 했다. 모든 손님을 위해 조각으로 제공되는 케이크라는 생각은 안중에도 없는 듯했다. 아이가 레스토랑 내에서 뛰어다니다가 아르바이트생과 부딪쳐 접시가 깨진 적도 있었다. 아이 실수로 접시가 깨지고 사람이 다칠 뻔한 소동이 일어났지만 부모는 나타나지 않았다.

최근에는 '개저씨'라는 말도 생겨났다. 개념 없는 아저씨 혹은 동물 개와 아저씨의 합성어로 풀이되는 개저씨는 막무가내식 행동을 일삼는 중년남성을 지칭한다.

자기보다 나이가 어리면 아무에게나 반말을 하고 가부장적인 생각을 남에게 강요하기도 한다. 회사에서도 부하 직원에게 회식을 강요하고 성희롱적 발언도 서슴지 않는다. 김정희(가명) 씨는 직장 상사가 무심코 던진 말들로 상처를 받았다. 김 씨는 "갑자기 '여자가 타 온 커피가 맛있지'라며 간접적으로 커피를 타 오라고 시키는 건 다반사"라고 밝혔다. 또 "너 정도 몸매면 딱 좋아. 살 빼지 말고 유지해" 등 성희롱적 발언도 여러 번 들었지만 직장 상사이기에 불쾌해도 항의조차 하지 못했다.

운전대만 잡으면 변하는
두 얼굴의 사나이

〜〜〜〜〜

임지현(가명) 씨는 차를 타고 출근하던 중 황당한 일을 겪었다. 새벽이라 차가 거의 없었지만 신호등이 빨간불로 바뀌자 자연스럽게 차를 멈췄다. 그런데 갑자기 뒤차가 상향등을 반복 점등하며 빨리 출발하라는 신호를 보냈다. 뒤차 운전자는 임 씨 차를 따라붙으며 "차도 없는데 왜 출발하지 않느냐"고 거세게 항의했다. 임 씨는 "빨간불인데 어떻게 가느냐"고 항변했지만 뒤차 운전자는 "너만 애국자냐"라고 핀잔을 줬다.

운전대만 잡으면 헐크로 변하는 사람들. 운전 에티켓을 지키지 않고 보복운전, 위협운전을 일삼는 도로 위 무법자들이다. 〈매일경제〉는 LG CNS 빅데이터 분석 서비스 '스마트 SMA'에 의뢰해 '비매너'라는 단어가 온라인상에서 어떻게 사용되는지 분석해 봤다. 스마트 SMA에서 소셜네트워크, 블로그, 인터넷 커뮤니티에 올라온 비매너가 언급된 14만 1,323개 문서에서 행위 연관 단어를 찾아보니 운전과 관련된 단어가 4.3%로 가장 높게 나타났다. 일상생활 비매너 중 운전과 관련해 사람들의 불만이 가장 많았다는 얘기다.

최승원 고속도로순찰대 제2지구대 경사는 "과속, 칼치기(급 끼어들기), 급정거 등 보복·난폭운전은 타인의 안전을 심각하게 위협하는 불법 폭력 행위"라며 "운전대를 잡았을 때 모습이 곧 자신의 인격이라는 사실을 잊지 말고 도로 위 에티켓을 지키기 위해 노력해야 한다"고 말했다.

난폭운전뿐 아니라 도로 위에 쓰레기를 마구 버리는 행위도 문제다. 경기도 평택에 거주하는 이정호(가명) 씨는 앞차가 버린 이물질이 자동차 앞유리에 떨어지는 황당한 경험을 했다. 덤프트럭 운전자가 담배꽁초와 쓰레기를 운전 중에 버려 앞유리에 흠집이 생기기도 했다. 이 씨는 "갑자기 날아온 담배꽁초에 순간적으로 놀라 사고가 날 뻔했다"고 말했다.

'비매너' 키워드 분석해 보니

*블로그, 카페, 커뮤니티 대상 총 14만 1,323건
분석 기간: 2015년 3월 17일~2016년 3월 16일
자료: LG CNS 스마트 SMA

오프라인 장소

대중교통 4.6%
직장 4.0%
영화관 3.5%
학교 3.5%
주차장 3.2%

온라인 장소

커뮤니티	블로그	사이트	카카오톡
76.3%	15.8%	15.1%	7.8%

행위

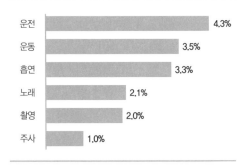

운전	4.3%
운동	3.5%
흡연	3.3%
노래	2.1%
촬영	2.0%
주사	1.0%

인물

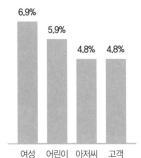

여성	어린이	아저씨	고객
6.9%	5.9%	4.8%	4.8%

비흡연자를 고려하지 않고 아무 데서나 담배를 피우는 행위도 문제다. 비매너가 언급된 행위 연관 단어에서 운전, 운동(3.49%)에 이어 흡연(3.28%)이 세 번째로 높은 빈도를 보였다. 2015년 1월부터 모든 음식점, 호프집, 커피전문점에서 흡연이 전면 금지되자 가게 앞에서는 삼삼오오 모여 담배를 피우는 장면이 자주 목격되곤 한다.

지방자치단체들은 대로변, 공원, 지하철 출구 등의 금연구역 지정을 추진하고 있다. 서울시는 2012년 6월 간접흡연 피해를 줄이기 위해 공원을 금연구역으로 지정했다.

하지만 버젓이 금연구역이라고 쓰여 있음에도 개의치 않고 흡연하는 사람들을 찾는 것은 어렵지 않다. 버스정류장 주변도 금연구역으로 지정됐지만 잘 지켜지지 않는 경우가 태반이다.

경기도 수원시에 거주하는 박지연(가명) 씨는 버스정류장에서 흡연 중인 20대 초반 남성에게 "담배를 피우지 말라"고 얘기했다가 봉변을 당할 뻔했다. 담배를 끄지 않으면 신고하겠다고 하자 남자는 오히려 "신고할 테면 신고해라. 웬 상관이냐"고 따지듯이 덤벼들었다. 박 씨는 "젊은 청년이 너무 심하게 달려들어 무섭고 당황스러워서 도망치듯이 버스를 탈 수밖에 없었다"고 밝혔다. 비매너 장소는 대중교통(4.6%), 직장(4.0%), 영화관(3.5%), 학교(3.5%) 등 순이었다.

온라인상에서는 커뮤니티(76.3%)상에서 서로를 배려하지 않는 비매너에 대한 비판이 많이 나왔다.

이진형 LG CNS 빅데이터사업담당 총괄은 "일상생활 속 주로 접하는 대중교통이나 회사 등에서 에티켓이 사라지고 있는 것으로 나타났다"며 "이런 비매너 행동들은 상대적 약자인 부하 직원, 여성 등에게 주로 행해지는 것으로 조사됐다"고 설명했다.

8적_호

아동학대 · 성희롱 둔감

胡

오랑캐 호

胡 2015년 한국에서 발생한 아동학대 사건만 1만 9,209건. 5년 전에 비해 두 배 가까이 늘었다. 최근 끔찍한 아동학대 사건이 잇따라 밝혀지며 우리 모두의 무관심에 대한 반성의 목소리도 커지고 있다. 보살핌을 받지 못한 아이들은 거리를 헤매며 주변인으로 전락한다. 아동학대 피해 아동을 지원하기 위한 정부 예산이나 인프라스트럭처는 턱없이 부족하다.

기획취재팀은 학대 전담 경찰관(Anti-Abuse Police Officer, APO)과 함께 아버지와 남자친구의 연이은 가정폭력에 시달려 온 18세 미혼모의 사연을 취재했다. 본지는 어린 모자(母子)가 대물림되는 학대의 고통에서 벗어날 수 있도록 크라우드펀딩 업체 '유캔스타트'를 통해 기부 프로젝트를 2주간 진행했다. 기사가 나간 다음 날 하루 만에 160여 명의 독자들이 기부에 참여해 따뜻한 후원의 뜻을 밝혀 왔고, 펀딩 마지막 날까지 총 347명의 독자들이 1만 원부터 10만 원까지 십시일반으로 참여해 총 2,580만 원을 후원했다.

한국 사회에서 고통받는 약자는 아동뿐만이 아니다. 스스럼없이 벌어지는 성희롱에 상처받은 여성들도 많다. 최근 강남역 '묻지 마' 살인 사건으로 촉발된 '여성혐오' 논쟁도 여성이라는 이유로 차별과 폭력, 범죄의 피해자가 되어 온 이들의 분노가 폭발한 것이 근본 원인이다.

기획취재팀이 빅데이터 분석 통해 '성희롱'이란 단어가 온라인상에서 어떻게 유통되고 있는지 확인한 결과 연관 키워드 중 '꽃뱀'이 상위권에 있었다. 꽃뱀이란 남자에게 의도적으로 접근해 몸을 맡기고 금품 등을 받아 내는 여자를 속되게 부르는 말이다. 분석 결과는 성희롱을 여성의 탓으로 돌리는 시각이 여전함을 보여 줬다. 인터뷰에 응한 피해자들은 "추행한 상사보다 상사 편을 들면서 나를 '꽃뱀' 취급한 동료들이 더 무서웠다"고 고백했다. 회식 자리에서 강제추행당한 한 공기업 직원은 강제추행을 당한 지 2년이 지나서야 가해자의 1심 유죄 판결 소식을 들을 수 있었다. 하지만 사내에 문제를 제기한 피해자는 업무 태만이라는 이유로 계약 해지를 당했고, 가해자는 아무런 조치 없이 회사에 다니고 있었다.

꿈마저 짓밟힌
18세 미혼모

"우리 아이는 아이 아빠를 닮지 않는 게 소원이에요."

18세 소녀 손지수(가명) 양의 소원이 애달프다. 지수는 이제 막 돌을 앞둔 아들을 둔 엄마지만 세상은 '미혼모'라고 부른다. 한창 부모 사랑을 받으며 꿈을 꽃피울 나이인 지수가 '미혼모' 꼬리표를 달고 살게 된 것은 가정폭력 때문이었다.

어려서 부모가 이혼하고 아버지의 잦은 폭행으로 집에 정을 붙이기 어려웠던 지수. 뮤지컬 배우를 꿈꿨지만 예상하지 못한 임신으로 꿈을 접어야 했다. 고등학교 진학마저 포기했다. 그런 지수에게 남자친구는 폭행을 일삼았다. 아들 지운(가명)이 위험한 처지에 놓이자 지수는 경찰에 도움을 요청했고 남자친구는 결국 구속됐다. 아버지와 남자친구의 연이은 폭력은 18세 소녀에게 씻을 수 없는 상처를 남겼다.

2016년 3월 14일 오후 2시 또래 친구들이 한창 학교에서 수업을 듣고 있을 시간, 지수는 10㎡(3평)가 채 안 되는 단칸방에서 아들 지운이와 취재진을 맞았다. 방 한쪽에 켜진 TV 속 연예인을 보며 좋아하는 지수는 영락없는 18세 소녀였다. 지운이도 낯선 이들의 방문에 신나했다. 하지만 두 아이의 환한 표정 뒤에는 가슴 아픈 사연이 감춰져 있었다.

"다섯 살 때 부모님이 이혼하고 아빠와 새아줌마랑 같이 살았는데 초등학교 4학년 때부턴가 두 분이 싸울 때마다 아빠가 저한테 스트레스를 풀기 시작했어요. 그럴 때마다 친구 집에 도망가곤 했는데 아빠가 미안하다고 해서 다시 집에 들어가면 또다시….″

아버지의 체벌은 항상 사소한 부부싸움에서 시작됐다. 그러다 부부싸움이 끝나면 아버지는 딸을 구타하는 것으로 화를 풀었다. 친구 어머니의 소개로 청소년 쉼터로 피신했지만 오래 있을 만한 곳은 아니었다. 지금도 지수는 쉼터에 가라는 주변 권유를 거부하고 있다.

중앙아동보호전문기관에 따르면 학대 피해 아동을 위한 전용 쉼터는 전국에 47개인데 수용할 수 있는 인원은 1개소당 7명씩 329명에 불과하다. 연령은 물론 남녀 성별, 장애 여부와 같은 특성별로 아동을 선별 수용하기에 쉼터는 턱없이 부족하다.

지수는 고향 친구들이 많이 사는 경기도에 살고 있다. 어머니는 아버지와 이혼한 후 연락이 끊긴 지 오래다. 지금도 지수는 외로움 때문에 가끔씩 집을 비워 둔 채 지운이와 친구집을 전전한다.

지수는 중학교 때 뮤지컬 아카데미를 다니며 꿈을 키웠다. 사람들의 마음을 움직이는 뮤지컬 배우가 되고 싶었다. 아버지의 잦은 폭행으로 집보다는 밖에서 보내는 시간이 많았던 지수는 친구 소개로 만난 동갑내기 남자친구와의 사이에서 덜컥 임신까지 하게 됐다.

남녀관계나 성관계 등에 대해 조언해 주고 어려움에 처한 지수를 도와줄 어른도 주변에 없었다. 임신은 지수의 삶을 예상치 못한 길로 이끌었다. 고등학교 입학은 포기할 수밖에 없었다. 더 공포스러웠던 건 남자친구의 폭력이었다. 화날 때마다 손찌검하는 남자친구의 돌변한 모습은 어릴 적 아버지 모습과 겹쳐 더욱 무서웠다. 태어난 지 얼마 안 된 지운이가 지켜보고 있었다. 아동을 직접 때리지 않아도 아이가 보는 앞에서 다른 사람을 폭행하는 것도 엄연한 학대다.

어렸을 때처럼 참고 견딜 수 없다고 생각한 지수는 용기를 내 경찰에 신고했다. 남자친구는 2016년 3월 현재 구속된 상태다. 지수는 아직도 그때 충격이 며칠 전 일인 것처럼 생생하다. 이날도 그때 일이 떠오르자 눈물이 맺히고 입술이 떨려 말을 더 잇지 못했다.

"남자친구를 다시는 보고 싶지 않아요. 지운이는 어떨지…. 지운이가 제발 아빠를 닮지 않았으면 좋겠어요. 그게 지금 저의 가장 큰 소원이에요."

지수의 머릿속은 아들 걱정으로 가득했다. 아들에게만은 불행한 기억을 물려주고 싶지 않은 게 지수의 가장 큰 바람이다. 지수는 홀로 꿋꿋하게 지운이와 새 출발을 준비하고 있다.

"지운이가 저랑 떨어져 있으려고 하지 않아요. 제가 화장실에만 가도 문을 두드리면서 울어요. 그때 충격 때문에 더 불안해하는 건 아닌지. 일하러 나가려면 어린이집에 보내야 하는데…."

현실적으로 아직 미성년인 지수가 홀로 지운이를 키우기는 쉽지 않다. 매달 정부에서 기초수급지원금과 양육수당이 나오지만 월세를 내고 나면 지운이 기저귀와 분유값, 식비를 대기에도 버겁다. 뮤지컬배우의 꿈은 포기한 지 오래고, 검정고시를 준비할 생각조차 못 하고 있다.

"지운이를 잘 키우려면 어떻게든 돈을 벌어야 하는데 지금은 아무것도 할 수 없어서 답답하죠. 학교로 돌아가기에는 너무 늦었고, 검정고시라도 준비해야겠지만⋯. 지금은 돈 버는 게 더 급해요. 아르바이트든 뭐든 할 거예요."

주변에서는 이런 지운이를 홀로 키울 수밖에 없는 지수 사정을 안타깝게 지켜보고 있다. 4대악 근절의 일환으로 관할경찰서 학대전담경찰관APO이 이들 모자 상태를 주기적으로 체크하고 있지만 거기까지가 한계다. 권영선 APO는 "보호자 지원이 필요하지만 과거 가정폭력에 노출된 경험이 있기 때문에 보호자에게 의존하기도 어려운 상황"이라고 말했다.

이봉주 서울대 사회복지학과 교수는 "아동학대를 예방하려면 아동보호전문기관을 중심으로 학교, 복지관, 지역아동센터, 병원 등 지역사회 협업 체계가 작동해야 하는데 우리나라는 그런 사회 안전망이 매우 허약한 상황"이라고 말했다.

지수는 아들 지운이가 혹시나 아파서 병원 갈 일이 생길까 봐, 제대로 못 먹게 될까 봐 하루하루가 근심이다. 늘 좋은 엄마가 돼 주지 못하는 것 같아 미안하다.

"잘 키울 수 있다고, 잘 키울 거라고 스스로 다짐하고 있지만 당장 내일을 생각하면 걱정이죠. 지운이는 저 같은 경험을 하게 하고 싶지 않은데…. 잘할 수 있겠죠?"

18세 소녀의 가녀린 물음에 대답이 선뜻 나오지 않았다.

신체 처벌은 무조건 학대

"매일 새벽 윗집에서 아이가 우는데 점점 심해집니다. 경찰에 신고해 야 될까요?"

"고1 여학생인데 아빠가 기분이 안 좋으면 욕하면서 화를 냅니다. 지 난번에는 제가 집에 좀 늦게 들어갔더니 나무 막대기로 손바닥을 때리 고 뺨도 세게 때렸습니다. 신고해도 되나요?"

최근 충격적인 아동학대 사건이 잇따라 조명되면서 경찰 등에 이웃 이나 아동학대에 대한 신고 문의가 급증하고 있다. 해가 갈수록 아동학 대 신고가 늘어나고 있을 뿐 아니라 본인이 직접 혹은 이웃에서 경험한 사례를 두고 아동학대인지 아닌지를 묻는 상담노 증가하고 있다.

2016년 3월 28일 중앙아동보호전문기관에 따르면 이 기관과 경찰 등을 통해 접수된 아동학대 신고는 2015년에 1만 9,209건으로 5년 전 인 2011년(1만 146건)보다 90% 증가했다. 신혜원 서경대 아동학과 교 수는 "최근 아동학대가 급증했다기보다 아동도 성인과 마찬가지로 권리를 존중받아야 하는 존재로 인식되면서 기존에 아동학대로 인식하지 못했던 상황들이 아동학대라는 것을 알게 돼 경계심이 커진 것"이라고 말했다.

전문가들은 아동 인권을 침해하는 모든 신체적·언어적·정서적 처벌이 아동복지법상 학대로 규정될 수 있다고 말한다.

중앙아동보호전문기관 관계자는 "훈육과 학대를 구분하는 객관적인 기준은 없다"며 "신체적 처벌 사례에서 매 한 대는 괜찮다고 말할 수 없는 것이 매 한 대가 나중에 두 대, 세 대 구타로 이어질 수 있기 때문"이라고 말했다. 신혜원 교수는 "신체적 처벌은 어떠한 경우에도 학대로 규정한다"고 덧붙였다. 정서적 학대에는 잠을 재우지 않는 것, 형제나 친구 등과 비교·차별·편애하는 행위 등이 포함된다. 보호자가 아동을 학교에 보내지 않으며 적절한 의료 조치를 취하지 않는 등 보호자로서 책임을 다하지 않고 아이를 방치하는 행위도 모두 학대다.

아동학대가 의심되면 국번 없이 112나 여성긴급전화 1336으로 신고하면 된다. 경찰과 아동보호전문기관 상담원이 함께 현장에 출동해 피해자 의견과 객관적인 증거를 토대로 판단한 뒤 경미한 사안은 복지기관으로 연결하고, 심각한 사안은 사법적 조치를 취한다. 현장에서 즉시 아동학대 판정을 내리고 아동과 가해자를 분리시키는 격리 조치를 취하기도 한다.

아동학대 신고가 급증하는 반면 전국 아동보호전문기관 인력은 턱없이 부족한 실정이다. 전국에 아동보호 서비스를 전담하는 전문기관이 56곳인데 각 기관 상담원은 평균 9명에 불과하며, 인구 대비로 보면

부모님, 이것이 바로 아동학대입니다

- 원망적·거부적·적대적·경멸적 언어 사용하기
- 잠 재우지 않기
- 형제, 친구와 비교·차별·편애하거나 왕따시키기
- 아동이 가정폭력을 목격하게 하기
- 아동을 시설 등에 버리겠다고 위협하거나 쫓아내기
- 기본적인 의식주 제공하지 않기
- 불결한 환경이나 위험한 상태에 방치하기
- 아동의 출생신고를 하지 않고, 보호자가 아동을 가정에 두고 가출하기
- 특별한 사유 없이 학교에 보내지 않거나 무단결석 방치하기

자료: 중앙아동보호전문기관

한 곳이 담당해야 할 아동 인구가 약 16만 명, 상담원 1인당으로는 1만 8,000명에 달한다. 이봉주 서울대 사회복지학과 교수는 "이런 예산과 인력 규모로는 급증하는 아동학대 신고에 대한 처리도 제대로 할 수 없는 것이 현실"이라며 "아동보호전문기관 수를 획기적으로 늘리고 전문 인력을 확충해야 한다"고 말했다.

아동학대 중 80%는 제3자가 아닌 '부모'가 가해자인 현실을 고려했을 때 부모를 대상으로 바람직한 양육에 대한 교육을 강화해야 한다는 지적도 나온다. 신혜원 교수는 "정부 부처들이 한부모가정, 취약계층 등에 대한 맞춤형 부모 교육 프로그램을 마련해 놓고 있지만 실수요자 접근성이 현저히 떨어진다"며 "부모 교육을 법제화하는 방안도 검토할 필요가 있다"고 말했다.

추행한 상사보다
'꽃뱀' 취급한 동료가 더 끔찍했어요

vvvvvv

"저를 추행한 상사도 밉지만, 상사 편을 들면서 저를 '꽃뱀' 취급한 동료들이 더 끔찍했어요."

2016년 3월 초 한 공기업 직원 최 모 씨에게 회식 자리에서 강제추행을 당한 지 2년 만에 1심 유죄 판결을 이끌어 낸 김유미(가명) 씨. 사내에 문제를 제기한 김 씨는 업무 태만이라는 이유로 계약 해지를 당했지만, 가해자 최 씨는 아무런 조치 없이 회사에 다니고 있다. 김 씨는 각종 루머와 따돌림으로 마음에 깊은 상처가 남았다.

김 씨는 "나 같은 피해자가 나오지 않게 하려고 사내에 문제를 제기하고 공식적으로 사과를 받고 싶었는데 오히려 내가 회사에서 '꽃뱀'으로 몰리고 쫓겨났다"고 울분을 토했다.

남녀고용평등법상 직장 내 성희롱이 금지된 지 2016년 들어 17년이 됐지만 여전히 피해자들은 구제받기는커녕 문제를 제기했다는 이유만으로 보복에 시달리고 있다. 현행법상 사업주는 직장 내 성희롱이 발생한 경우 지체 없이 행위자에게 징계 조치를 취해야 하며 피해 근로자에게 고용상의 불이익 조치를 취하는 것이 금지돼 있다. 하지만 현실은 법과 딴판이다. 회사가 성희롱 문제를 은폐하기에 급급하면서 피해자들은 성희롱보다 더한 동료들의 왕따와 업무 배제, 보복인사 같은 2차 피해에 시달리고 있다.

최근 본지와 만난 김 씨는 회식 자리에서 성희롱이 발생한 직후 담당 팀장을 통해 문제를 제기하고 최 씨의 사과를 요구했지만 회사에서는 혐의를 부인하는 가해자 말만 믿고 아무런 조치를 취하지 않았다고 밝혔다. 김 씨는 "동료 직원들이 '돈이나 받고 끝내라', '네가 먼저 꼬신 거 아니냐'는 식으로 사실을 왜곡하고 루머까지 퍼져 회사를 다니기 어려웠다"고 말했다.

계약직 파견사원이었던 김 씨는 성희롱 문제를 제기한 후 얼마 안 돼 업무 태만을 이유로 계약 해지 통보를 받았다.

이번 1심에서 최 씨는 회식 자리에서 김 씨의 허벅지와 엉덩이를 만지는 등 강제추행한 혐의로 벌금 300만 원과 성교육 프로그램 16시간을 이수하라는 판결을 받았다. 최 씨는 여전히 회사에 근무하며 혐의를 부인하고 있다.

성추행 가해자가 회사의 CEO인 경우 피해는 더욱 심각해진다. 중견기업에 다니는 이승민(가명) 씨는 10년여에 걸친 A대표의 성추행 문제로 내부조사에 응했다가 회사에서 업무 배제와 최하위 고과 평가로 사실상 퇴사 압박을 받았으며, 이로 인한 우울증으로 정신과 상담까지 받았다.

내부직원의 문제 제기로 진상 조사가 시작됐고, 기끼스로 A대표는 2015년 말 교체됐지만 공식적인 교체 이유는 '일신상의 사유'였다. A대표는 2016년 3월 현재 다른 중견업체 임원으로 일하고 있다.

이 씨는 "전 직원이 A대표의 공공연한 성추행을 알고 있었으면서도 쉬쉬했고, 오히려 내부조사에 응한 나를 '독한 ×'이라며 왕따시켰다"고 전했다. 이 씨는 입사 환영회 회식 자리에서의 충격을 잊지 못하고 있었다. 2차 노래방 자리에서 A대표는 이 씨를 옆에 앉히고 다른 사람이 노래를 부르러 나간 틈을 타 허벅지를 만지고 뽀뽀를 하는 등 추행했다. 입사 일주일 만에 당한 예상치 못한 상황에 어찌할 줄 모르고 꼼짝할 수 없었던 이 씨. 회식 자리가 끝나고 펑펑 우는 이 씨에게 동료 남자 선배는 "회사 다니면서 수도 없이 본 일이다. 그냥 피하고 참으라"고 했다.

이 씨는 "너무 수치스러웠지만 모든 여직원들이 다 당하면서도 버텼다"며 "심지어 회식 자리를 이용해 사장의 호의를 얻는 여직원들마저 있었다"고 밝혔다. 그는 "내가 입사하기 전에 여직원 한 명이라도 먼저 문제를 제기하고 회사에서 공론화했다면 나 같은 피해자가 나오지 않았을 것"이라고 분통을 터트렸다. 회사 내 성희롱 처리 가이드라인이 있어도 무용지물이었다. 담당인 인사팀장부터 문제를 은폐하는 데 급급했다.

이미경 한국성폭력상담소장은 "성희롱 관련 법과 제도가 그동안 많이 정비됐지만, 이를 지켜야 한다는 인식 수준이 한참 뒤떨어져 있다"고 지적했다. 이 소장은 "성희롱을 입증하려면 주변 사람들의 증언이 굉장히 중요한데 가해자가 상사면 본인에게도 불이익이 올 거란 생각에 아무도 나서려고 하지 않는 것이 큰 문제"라고 말했다.

성희롱, 빅데이터 분석해 보니…

〰〰〰〰

1995년 말 여성발전기본법(현 양성평등기본법)에 처음으로 '성희롱'이라는 용어가 등장한 지 20년이 지났다. 2016년 현재 우리 사회 전반에서 성희롱은 어떤 방식으로 화제에 오르고 있을까.

〈매일경제〉가 LG CNS 빅데이터 분석 서비스 '스마트 SMA'의 도움을 받아 소셜미디어에서 '성희롱'이라는 단어가 인터넷 커뮤니티, 블로그, 소셜네트워크서비스SNS 같은 온라인상에서 어떻게 유통되고 있는지를 분석했다. 그동안 경찰, 국가인권위원회 등을 통해 공식 접수된 사건과 별개로 일상에서 벌어지는 성희롱 여부를 묻거나 고발하는 글들을 분석한 것은 국내에서 처음이다.

LG CNS가 최근 1년간 인터넷 블로그, 카페, 언론, 댓글 등에 성희롱이란 단어가 언급된 문서 총 1만 7,398건을 분석한 결과 성희롱 장소 키워드 중 '직장'(회사, 사무실, 회식 포함)이 38%(6,695건)로 가장 많이 언급됐다. 다음으로 학교(대학, 고등학교 포함)가 24%로 많았으며 문자·카톡 같은 온라인 9%, 데이트 5%, 군대 4% 순이었다.

이미경 한국성폭력상담소장은 "성희롱은 직장, 학교, 군대 같은 위계질서가 분명한 장소에서 상급자가 권력을 믿고 하급자를 대상으로 저지르는 경우가 많다"며 "최근에 데이트 폭력 사건이 줄지어 발생하면서 문자·카톡, 데이트 같은 단어들이 자주 언급된 것으로 보인다"고 말했다.

인물 키워드는 선생님·교사·교수·강사·대학생·학생·선배 등 학교 관련 인물이 35%(6,223건)로 가장 많았으며, 상사·동료·직원 등 직장 관련 인물이 24%(4,276건)로 많이 언급됐다. 의사(6%), 아저씨(5%)가 그다음으로 많이 언급됐다.

직무와 무관하게 속어 '꽃뱀'(4%)이 상위 인물 키워드에 꼽힌 것도 눈에 띄었다. 꽃뱀은 남자에게 의도적으로 접근해 몸을 맡기고 금품 등을 받아 내는 여자를 속되게 부르는 말이다. 성희롱을 가해자 책임으로 보지 않고 피해 여성의 행실을 문제 삼는 관행이 여전함을 보여 준다.

〈매일경제〉 설문에 참여한 한 독자는 "평소 객관적인 사람도 성희롱, 성추행 사건이 발생하면 여성의 평소 행실을 문제 삼으며 피해자보다 가해자를 두둔하는 것을 자주 봤다"며 "피해자를 꽃뱀으로 몰아가면서 두 번 상처를 입히는 셈"이라고 꼬집었다.

성희롱 대상으로는 특정 신체 부위가 자주 거론됐는데 얼굴(2,235건), 가슴(1,275건), 엉덩이(802건), 다리(622건), 어깨(619건) 순으로 많이 언급됐다.

행위와 관련해서는 욕설이 41%(2,541건)로 가장 많았으며 스토킹 (30%, 1,825건), 만지다(16%, 984건), 시선(13%, 783건) 순으로 많이 언급됐다. 성희롱이 상대방에게 성적혐오감을 느끼게 하는 육체적 행위뿐 아니라 언어·시각적 행위까지 포함해 넓게 해석되고 있음을 보여준다.

성희롱에 대한 인식과 관련해서는 문제(4,298건), 당하다(3,458건), 범죄(3,022건), 싫다(1,640건) 등 피해자 입장에서 부정적인 태도를 드러내는 단어가 많이 언급됐다. 기준(1,607건)에 대한 언급도 많았으며 알리다(1,341건), 심각하다(958건), 해결하다(750건) 등 행동을 촉구하는 언급도 많았다. 조치와 관련해서는 교육(2,975건), 예방(2,106건) 등 성희롱 방지를 위한 사전 조치에 대한 언급이 67%로 압도적으로 많았던 반면 고소(1,395건), 보호(1,121건) 같은 사후 조치는 33%로 그 절반에 불과했다.

정현미 이화여대 법학전문대학원 교수는 "직장 내 성희롱 예방교육이 의무화되면서 사전 조치는 형식적으로나마 강화된 반면 성희롱 사건을 문제 제기한 피해자에 대한 보호와 구제는 제대로 이뤄지지 않고 있다"며 "성희롱 사건을 해결하려고 사건을 공론화한 피해자들이 오히려 직장 내 왕따 같은 2차 피해를 당하는 일이 비일비재하다"고 말했다.

9적_독

남에게만 가혹한 이중 잣대

홀로 독

獨

'내가 하면 로맨스, 남이 하면 불륜.'

우스갯소리처럼 회자되는 말이다. 농담처럼 퍼지는 이 말에는 사실 우리 사회 깊숙이 뿌리박혀 있는 부조리가 담겨 있다. 이중 잣대, 심리학적으로 표현하면 '내집단 편향(ingroup bias)'이다. 자신이나 자신이 속한 집단에 대해서는 실제보다 더 긍정적으로 평가하지만 다른 집단에게는 냉혹하다. 집단 내부의 결속을 단단하게 한다는 데는 긍정적이다. 문제는 이런 성향이 외부 집단에 대해서는 베타적인 감정으로 이어진다는 것이다.

한국 사회에서 내집단 편향은 유독 극단적으로 드러난다. 선거 때마다 무조건 내 지역 출신, 내가 지지하는 정당만을 지지하는 비합리적인 투표가 성행하고 특정 학교 출신들끼리의 패거리 문화는 어느 조직에서나 팽배해져 있다. 대한민국 국민은 한민족이라는 잘못된 편견에 사로잡혀 국내 거주하는 다문화 아이들에 대한 차별이 빈번히 발생한다. 최근 들어 심화되고 있는 남녀 간의 갈등도 이와 같은 성향에서 출발한다.

상대방 진영의 잘못만을 크게 부각시키면서 서로를 상생해야 하는 존재로 인식하지 않고 서로를 짓밟고 오르려 하는 극단적인 대립이 나타나고 있는 것이다. 이처럼 이중 잣대는 나와 비슷한 사람들이 모인 집단에 테두리를 치고 그 테두리 밖에 있는 사람은 철저히 배제하는 사회 양극화를 유발한다.

내가 하면 로맨스
남이 하면 불륜

'우리'는 한국 사회에서 유독 많이 쓰이는 단어다. '나'라는 표현보다
는 '우리'라는 단어를 즐겨 사용한다. 우리 집, 우리 회사, 우리 동네 등.
나보다는 우리라는 집단을 중요시하는 것이다. 그리고 우리로 묶여 있
는 집단에 대한 애정을 강하게 표출한다.

백승대 영남대 사회학과 교수는 "한국은 과거부터 외부와 접촉이 적
은 나라였다"며 "한국인은 외부 사람에 대해 경계심이 강한 반면 내부
인과는 결속하는 태도를 보여 왔다"고 말했다.

이런 성향이 나쁜 것만은 아니다. 문제는 배타성이다. 내집단에 대한
과도한 애정은 타 집단에 대한 배척으로 표현돼 집단 간 갈등을 유발
하는 시초가 되기 때문이다. 심리학 용어로는 이를 '내집단 편향ingroup

내집단 편향 심리 실험

"국가대표 축구대회에서 A팀 응원단이 야유를 보내는
B팀 응원단을 덮쳐 인명피해 사고가 발생했다."

실험 대상: 시나리오 1, 2, 3 각각 22명(20·30대 남녀)

0(전혀 동의 안 함)부터 10(매우 동의함) 척도

● A팀 응원단이 폭행을 저지른 데에는 B팀 응원단의 책임도 있다

A팀 한국, B팀 일본일 경우 ·············· **7.4점**
A팀 일본, B팀 한국일 경우 ·············· **5.9점**
A·B팀 특정하지 않은 경우 ·············· **7.1점**

● A팀 응원단이 폭행을 저지른 것은 순간의 실수였다

A팀 한국, B팀 일본일 경우 ·············· **6.6점**
A팀 일본, B팀 한국일 경우 ·············· **4.2점**
A·B팀 특정하지 않은 경우 ·············· **5.8점**

● A팀 응원단은 구제불능이다

A팀 한국, B팀 일본일 경우 ·············· **1.8점**
A팀 일본, B팀 한국일 경우 ·············· **4.5점**
A·B팀 특정하지 않은 경우 ·············· **3.9점**

● A팀 응원단은 일상생활에서도 폭행을 저지를 성향의 사람들이다

A팀 한국, B팀 일본일 경우 ·············· **3.2점**
A팀 일본, B팀 한국일 경우 ·············· **4.5점**
A·B팀 특정하지 않은 경우 ·············· **3.9점**

실험 후 피실험자들의 정서 측정

● 화남, 약 오름, 신경질 남, 증오심, 슬픔 등 부정적 정서를 느낀다

A팀 한국, B팀 일본일 경우 ·············· **4.2점**
A팀 일본, B팀 한국일 경우 ·············· **6.3점**
A·B팀 특정하지 않은 경우 ·············· **4.1점**

● A팀 응원단의 점심인 핫도그에 뿌릴 핫소스의 양은?

A팀 한국, B팀 일본일 경우 ·············· **7.8g**
A팀 일본, B팀 한국일 경우 ·············· **14.4g**
A·B팀 특정하지 않은 경우 ·············· **6g**

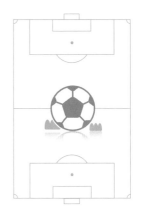

bias'이라고 한다. 자신이 속한 집단은 실제보다 더 긍정적으로 평가하고 상대적으로 남은 깎아내리는 이중 잣대다.

한국 사회에서는 이 같은 내집단 편향이 유독 많이 드러난다. '팔은 안으로 굽는다'는 속담처럼 같은 학교, 같은 지역 출신에게는 관대하다. 학연, 지연을 통한 사회적 갈등이 많이 발생하는 것도 바로 이 때문이다. '우리 학교 나왔어?', '고향은 어디야?' 같은 질문이 상대방을 객관적이 아닌 주관적으로 평가하는 주요 잣대가 된다. 〈매일경제〉는 내집단 편향으로 인한 이중 잣대가 어느 정도인지 알아보기 위해 조직·산업심리 전문 연구소인 ORP연구소와 함께 20·30대 직장인 66명을 대상으로 심리학 실험을 진행했다.

실험을 위해 축구 라이벌인 두 나라가 월드컵 본선 진출권을 놓고 건곤일척의 승부를 겨룬다는 상황을 설정했다. A국가가 극적인 결승골을 넣자 B국가 응원단이 A국가 응원단을 향해 비난을 퍼붓기 시작한다. 이에 흥분한 A국 응원단이 상대적으로 소수인 B국 응원단에 일방적으로 폭력을 휘둘러 유혈 사태가 발생한다.

공통의 상황을 놓고 가해자가 한국, 피해자가 일본이었을 때와 가해자와 피해자가 바뀌었을 때를 비교했다. 가해자와 피해자 국가를 특정하지 않았을 때 반응도 함께 분석했다. 각각 22명이 실험 대상자들이 세 가지 상황의 실험 대상자가 됐다.

결과는 명확했다. 같은 상황이지만 내집단인 한국인 응원단에 대해서는 과도한 감싸기를 보여 줬고, 일본인 응원단이 가해자였을 때는 가차 없는 분노를 표출했다.

'가해 응원단이 폭행을 저지른 데에는 피해 응원단의 책임도 있다'라는 말에 어느 정도 동의(매우 동의 시 10점)하는지 물었다.

한국인이 가해자인 경우 피해 응원단도 책임이 있다는 응답(7.4점)이, 일본이 가해자였을 때(5.9점)보다 높게 나타났다. 한국 응원단이 가해자였을 때는 실수라고 생각하는 응답(6.6점)도 높았다. 반면 일본인이 가해자였을 때는 실수라고 생각한 응답(4.2점)이 적게 나왔다.

일본인 응원단이 가해자였을 때는 이들에 대해서 일상생활에서도 폭행을 저지를 사람이라고 비난한 응답(4.5점)이 한국인 응원단이 가해자였을 때(3.2점)보다 높았다.

실험자들의 실험 후 정서에 대해서도 비교해 봤다. 일본이 가해자였을 때 화, 약 오름, 역겨움, 신경질 등 부정적인 정서는 6.3점이었고, 한국인이 가해자였을 때는 4.2점에 불과했다.

분노의 정도는 행동으로도 드러났다. 가해자 응원단을 위한 식사를 준비한다고 가정하고 캡사이신이 포함된 핫소스를 뿌려 보라는 지시에 일본인이 가해자였던 실험 집단은 평균 14.4g의 핫소스를 뿌렸다. 한국인이 가해자였을 때(7.8g)보다 두 배가량 많았다. 설문지에 '정량 이상의 캡사이신은 미각을 마비시키고 심한 고통을 줄 수 있다'라는 문구를 넣었지만 일본인이 가해자였을 때는 핫소스를 더 뿌리는 결과가 나타났다.

이명규 ORP연구소 선임연구원은 "이번 실험에서 한국인들의 내집단 편향이 명확하게 드러났다"며 "동일한 행동임에도 내집단·외집단 여부에 따라 극명히 다른 잣대를 적용하고 있다"고 밝혔다.

내집단 편향 성향은 일상생활 곳곳에서 드러난다. 우리 학교 출신의 유명인, 정치인에 대해서는 평가가 관대해진다. 한국 사회의 해묵은 지역감정도 바로 이와 같은 성향 때문에 심화되고 있다.

스포츠 경기 때도 비이성적 판단이 이뤄진다. 내가 응원하는 팀이 왠지 불리한 심판 판정을 받는 것처럼 느껴진다. 한국 사회에서 다문화가정에 대한 차별이 여전한 것도 우리 민족이라는 테두리를 치고 외부 민족을 배척하는 심리에서 기인한다.

이처럼 비이성적 판단이 이뤄지는 내집단 편향을 개선하기 위한 해결책은 없을까. 곽금주 서울대 심리학과 교수는 "장기적으로 철저히 외집단을 포용하는 쪽으로 교육이 이뤄져야 한다"며 "서로 차별화된 모습을 이해하고 받아들일 수 있는 사회적 분위기를 만들어야 할 것"이라고 밝혔다.

독버섯처럼 자리 잡은
지역감정
〰〰〰〰

"전라도 출신이란 이유만으로 계속 괴롭히니까 따진 건데, 곧바로 쫓겨났죠."

예정에 없던 갑작스런 인사 조치였다. 대기업 계열사를 다니는 이상혁(가명) 씨는 수년 전 서울 본사에서 지방의 한 지점으로 전보 발령받던 순간을 잊지 못한다.

한때는 이 씨도 직장 내에서 소위 '잘나가는' 축에 속했다. 광주 출신인 그는 서울의 명문대를 졸업하고 회사에 들어와 성실하게 근무했다. 하지만 경상도 출신의 한 임원이 출신지를 이유로 이 씨를 핍박하기 시작하면서 일이 꼬였다. 다른 동료들 앞에서 대놓고 무시하며 창피를 주는 것은 물론, 갖은 트집을 잡아 업무 성과도 깎아내렸다.

이 씨는 정중하게 이유를 물어보기도 하고 사정도 해 봤다. 하지만 그때마다 "전라도 ××들은 다 없애 버려야 해", "전라도 ×들은 다 사기꾼이야"와 같은 충격적인 비하 발언과 함께 핍박만 더 심해졌다. 참다 못한 이 씨가 강력하게 항의하자 이 임원은 얼마 뒤 정기인사에서 근태를 빌미로 그를 지방으로 쫓아냈다. 이 씨는 "지금도 내가 대체 뭘 잘못했길래 그렇게 심하게 미움을 받았는지 모르겠다"고 밝혔다.

나와 같은 집단이면 어떤 이유를 들어서라도 합리화하고 옹호한다. 반대로 적대 집단이라면 없는 사실을 만들어서라도 비난하고 몰아세운다. 대한민국 사회에서는 여전히 이와 같은 전근대적 진영논리가 작동하고 있다.

해묵은 지역감정이 대표적인 예다. 지역감정은 여전히 우리 사회 곳곳에 독버섯처럼 자리 잡고 있다. 최근에는 온라인상의 비교적 젊은 세대들을 중심으로 '제2의 지역감정 시대'까지 열리고 있다.

당장 인터넷 주요 포털사이트 뉴스 댓글이나 게시판을 살펴보면 호남 출신을 가리키는 '홍어', '전라디언', '까보전(까고 보니 전라도)', 영남 출신을 가리키는 '과메기', '경상디언', '흉노' 등 저급한 비하용어들이 난무

한다.

2016년 4월 5일에는 '고도의 저격수'라는 필명의 나 모 씨(전남 장성)가 온라인상에서 타지역 비하 발언으로 경찰에 입건되기도 했다. 2015년 12월 특정 지역과 후보를 비하하는 인터넷 게시물을 처벌하도록 공직선거법이 개정된 이래 처음으로 법 적용을 받은 사례다.

경찰에 따르면 나 씨는 2015년 12월 24일부터 2016년 2월 21일까지 총 71차례에 걸쳐 비방글을 게재한 혐의를 받고 있다. 전라도 출신인 나 씨의 비방 대상은 주로 경상도 사람들과 새누리당, 더불어민주당 내 경상도 출신의 '친노' 정치인 등이었다.

그는 갖은 욕설과 함께 포털 사이트나 SNS에 '민×당', '×쌍도 보리문둥이 ×잡종××들', '쪽바리 부산경남', '멍청도(충청도) 노빠' 등의 극단적인 표현으로 타 지역 출신들을 비하했다. 자신의 글을 비판하는 사람에 대해선 모두 경상도 사람으로 몰면서 더욱더 공격성을 드러내기도 했다.

지역감정뿐 아니다. 온라인상에서는 남녀, 진보·보수 간 편 가르기 논쟁이 갈등을 야기하고 있다.

진보 성향을 보이는 MLB파크의 불펜 게시판에는 박근혜 대통령과 여당을 비방하는 글이 올라온다. 비슷한 정책이시만 어느 정당에서 주장을 했는지에 따라서 게시판의 반응은 극과 극을 달렸다. 최근 새누리당이 정규직과 비정규직 임금 격차를 줄이고 4년 내에 최저임금을 시급 8,000~9,000원 선까지 단계적으로 인상하겠다고 발표했다는 글이 올라오자 당장 '거짓말하지 말라', '불가능하다'는 비판이 쏟아졌다.

반면 정의당의 최저임금 시급 1만 원 공약 관련 글이 올라오자 구체적인 가능성과 필요성에 대해 심도 있는 토론이 벌어졌다.

상대방 진영의 주장이나 정책은 말도 안 되는 것으로 치부해 버리지만, 비슷한 내용이라도 자기 진영의 것이 되면 현실성이 있다고 보는 모습이 나타나는 것이다.

극우 성향을 보이는 '일베'에서는 여전히 노무현 전 대통령을 패러디한 글과 사진들로 도배되어 있다. 차마 입에 담지 못할 표현들로 고인에 대한 명예훼손이 자연스럽게 이뤄지고 있다. 게다가 야당과 관련된 글이 올라오면 조롱 섞인 댓글들이 줄이어 달린다.

집단적인 남녀 갈등까지 벌어지고 있다. '일베'의 여성 혐오 발언에 반기를 들고 2015년 6월 개설된 '메갈리아'는 남성 혐오 사이트로 유명세를 타고 있다.

이 사이트에서 한국 남성은 '한남충(한국 남성을 벌레에 비유)'이나 '숨쉴한(숨 쉴 때마다 패야 하는 한국 남성)', '씹치남(김치남의 비하 표현)' 같은 표현으로 비하된다. 최근에는 특정 개인에 대한 인신공격성 댓글까지 난무하면서 고소, 고발 같은 법적 분쟁까지 발생하고 있다.

웹툰 작가 서나래(필명 낢)는 최근 자신의 남편에 대해 인신공격성 댓글을 게시한 메갈리아 회원들을 사이버 명예훼손 등 혐의로 고소하기도 했다.

무조건적으로 배타적인 진영논리가 한국 사회의 발전을 가로막고 있는 것이다. 목표와 이상, 이해관계를 함께하는 사람들이 하나의 진영·집단을 이루는 것은 자연스러운 일이지만 그것이 맹목적이고 공격적인

전라도 XX들은
다 없애 버려야

전라도 X들은   전라디언
다 사기꾼   홍어

까보전(까고 보니 전라도)

XX쌍도 보리문둥이
X잡종 XX들

과메기   쪽바리 부산 경남
흉노   경상디언

절대 논리로 작용하는 것은 경계해야 한다.

도정일 경희대 명예교수는 "정치나 사회 등 공적인 영역에서 시민의 판단과 행동을 좌우하는 기준이 지역감정이어선 안 된다"며 "특히 젊은 세대가 민주주의의 발전을 위해 각성해야 한다"고 강조했다. 그는 "지역감정을 심화하고 진영논리를 부추기는 발언은 반사회적인 활동으로 확산할 수 있어 주의해야 한다"고 밝혔다.

커뮤니티의 성향에 맞지 않으면 무조건적인 비난의 대상이 된다. 반대로 커뮤니티의 성향에 맞는 글이 올라오면 사실 여부를 떠나 무조건적인 추어올리기가 성행한다.

도 교수는 "온라인상에서 상대방에 대한 혐오의 감정이 파다해져 있는 것이 문제"라며 "서로 다름을 인정하고 이성적인 논의가 이뤄지는 장을 온라인에서 만들어야 할 것"이라고 말했다.

진영논리에 휘둘려
말 바꾸는 정치인들

정치인들은 여반장如反掌하듯 쉽게 말을 바꾼다. 똑같은 정책이나 사안에 대해서도 '당리당략'에 따라 입장을 바꾸기 일쑤다. 정치인들의 명분 없는 말 바꾸기가 건전한 토론을 방해하고 편 가르기만 심화시켜 국민들의 신뢰를 떨어뜨린다.

한·미 FTA 체결 논란은 정권이 교체되는 과정에서 진영논리에 휘둘린 대표적인 정책 사례다.

노무현 정부 때 한·미 FTA를 추진했던 민주당 주요 인사들이 정권이 바뀐 후 대대적으로 반대 목소리를 높였다. 청와대와 내각에서 국정핵심 과제로 한·미 FTA를 추진했던 장본인들이 정권 교체 후 갑자기 반대로 돌아서는 모습에 국민들의 혼란이 커졌지만 그들 중 누구도 입장이 바뀐 이유를 충분히 해명하지 않았다. 오히려 야당이 됐다는 이유로 현 정부의 정책에 무조건적으로 반기를 드는 모습으로 비춰져 빈축을 샀다.

같은 사안에 대해서도 직책이나 계파에 따라 자신의 말을 번복하는 정치인들도 부지기수다. 문재인 전 더불어민주당 대표는 청와대 민정수석일 때 불법 폭력 집회에 대해 엄정 대처를 주장했으나, 야당 대표가 된 뒤 발생한 집회 내 폭력 행위에 대해서는 경찰 진압을 비난해 말 바꾸기 논란이 제기됐다.

개헌론 또한 정치인들의 진영논리에 휘둘려 진지하게 검토되지 않는 과제 중 하나다. 정권 후반기마다 현 대통령 단임제를 개선해야 한다는 개헌론이 제기되고 있지만 현실에선 계파 갈등에 휘둘려 번번이 논의조차 안 되고 있다. 이재오 새누리당 의원은 노무현 정부가 임기 말 개헌 의지를 밝히자 "현 정권 임기 하에는" 안 된다고 잘라 말했지만, 이명박 정부 집권 하반기에 와서는 개헌을 추진하는 입장으로 돌아섰다. 김무성 새누리당 대표도 2014년 중국 상하이 출장에서 개헌론을 제기했다가 청와대와 친박계의 반발에 못 이겨 하루 만에 입장을 철회한 적이 있다.

곽금주 서울대 심리학과 교수는 "정치인들의 명분 없는 말 바꾸기는 일반 국민들에게까지 이기적인 진영논리를 부추길 수 있다"며 "정치인들부터 정책 차별화로 승부하고 생산적으로 토론하는 모습을 보여 줘야 한다"고 말했다.

지역주의 타파가 국가경쟁력 지름길

〰〰〰〰

"문도 출구도 없는 거대한 벽 안에 갇혀 있는 느낌이었다."

전남 지역 유일한 새누리당 당선자인 이정현 의원은 자신이 겪은 지역주의를 이렇게 표현했다. 이 의원은 "설득하고 이야기를 하면 통해야 하는데, 일방적이고 무조건적인 반대와 힐난 그리고 냉소, 그런 것들이 참 힘들었다"며 자신이 겪은 지역주의를 회고했다.

19대 때 재보궐선거를 통해 전남 순천에서 당선된 그는 20대 총선에서 낙선할 것이라는 여론조사와 예상을 뒤집고 재선에 성공했다. 그는 호남에서 23년 동안 다섯 번의 선거를 치렀다. 앞서 연달아 세 번은 떨어졌다. 세 번 패배한 이후에야 값진 승리를 일궈 낼 수 있었다.

이 의원은 "일관된 목소리로 일관된 신념과 진정성을 보여 준 것이 통했다"고 지역주의를 이겨 낸 비결을 밝혔다. 그는 험지인 호남에 끊임없이 출마한 이유에 대해 "지역주의에 기반을 두고 일당이 독주하는 체제를 경쟁 체제로 바꾸고 싶었다"며 "지역주의를 극복하고 정당의 경쟁이 살아나야 순천을 위한 정책 경쟁이 회복된다는 신념으로 인내했다"고 말했다.

그는 〈매일경제〉가 우리 사회를 가로막는 10적 중 하나로 지역주의를 꼽은 것에 대해 "지역주의는 대한민국이 발전하는 데 큰 걸림돌이고 반드시 치워야 할 장애물로 아주 적절한 선정"이라며 "지역구도는 당대표가 되면 개혁하려고 하는 다섯 가지 중 하나"라고 크게 공감했다.

이 의원은 "지역주의가 극복돼야만 대한민국의 화합과 통합이 가능하고, 이는 곧 국가경쟁력으로 이어진다"고 덧붙였다. 그는 20대 총선 결과를 두고 "순천 재보궐선거에서 당선되면서 작은 균열이 생겼다면, 이번 총선에서 아주 거대하게 금이 갔다"고 평했다. 하지만 이 의원은 "정치적으로 이용하기 위해 지역구도가 무너지지 않길 바라는 속내를 갖고 있는 사람이 많아 아직 갈 길이 멀다"고 꼬집었다. 지역주의의 원인이 정치권에 있다는 의미다.

이 의원은 "누구나 작게는 자기 동네 위주로, 크게는 지역 위주로 애정에 기반을 둔 지역감정을 가질 수 있다"며 "일반 국민의 이런 지역주의는 심각한 문제가 아니다"고 했다. 나만 그는 "고질적인 지역주의는 정치인들이 자신의 이익을 위해 이용하고 조장하는 데서 비롯된다"며 "정치권이 변해야 지역구도가 사라진다"고 했다.

김부겸 더불어민주당 당선자는 〈매일경제〉가 우리 마음속 10적 중 하나로 지역주의를 지목한 데 대해 "지역주의를 솔직하게 전면에 다뤄

줘 고맙다"고 감사를 표했다.

김 당선자는 31년 만에 처음으로 새누리당의 텃밭인 대구에서 당선된 야당 후보다. 2012년 치러진 19대 총선을 시작으로 대구시장 선거 등에서 줄줄이 낙마한 이후 당선까지 꼬박 4년이 걸렸다. 김 당선자는 "시민들이 자기가 분노하는 정책과 제도가 있으면 그 자체가 잘못됐다고 지적하는 게 아니라 지역에서 문제의 원인을 찾으려 한다"고 지적하며 "자신의 정치 행위를 위해 지역주의에 올라타 원초적 감정만 증폭시키려 하는 정치인도 문제"라고 비판했다.

잘못된 정책이나 제도 자체에 대해 분석하고 비판하는 것이 아니라 '전라도가 문제다', '경상도가 문제다'라며 지역에서 문제의 원인을 찾으려고 하는 태도가 올바른 문제 인식을 가로막고 있다는 것이다.

특히 국민은 가만히 있는데 정치인과 언론이 이러한 지역주의를 조장하고 있다는 게 김 당선자 생각이다.

김 당선자는 당선 비결로 '정직한 호소'를 꼽았다. 그는 "결국 지역주의보다 어려운 현실이 사람들한테 더 절박해진 것"이라며 "지역주의가 완전히 무너지진 않았지만 최소한 균열은 내지 않았나 하고 평가한다"고 설명했다.

김 당선자는 대구에 내려온 이후 하루도 빠뜨리지 않고 지역민을 찾아다니고 그들의 목소리를 경청했다. 밤마다 음식점과 술집을 다니며 얻어먹은 소주잔도 헤아릴 수 없을 정도로 많았다.

김 당선자는 바닥 민심을 훑으며 그들이 원하는 게 무엇인지, 어떤 변화를 갈망하는지 경청했다.

그 과정 속에서 김 당선자는 지역주의에 대한 편견을 하나씩 제거해 나갔다. 그는 지역주의와 싸워 온 주인공답게 지역주의 타파를 어젠다로 던진 〈매일경제〉의 '우리 마음속 10적' 기획을 눈여겨봤다고 밝혔다.

  그는 "그동안 언론이 알면서도 지역주의 어젠다를 전면에 내세우지 않았다"며 "이번 기획을 계기 삼아 언론이 지역주의 타파를 이끌어 가는 바람직한 모습을 보였으면 좋겠다"고 밝혔다.

10적_위

무너지는 교통질서

違

어길 위

違

2000년도에는 대한민국 사람 100만 명 중 218명이 교통사고로 목숨을 잃었다. 당시 인구를 4,000만 명이라 가정한다면 연간 8,000명 이상이 교통사고로 사망한 것이다. 그 시절 한국은 교통사고 사망자 수 세계 1위의 교통 후진국이었다. 충격받은 정부는 관련 처벌 수위를 높였고 안전띠 매기 의무화 등 건전한 문화 만들기에 힘썼다. 덕분에 교통사고 사망자 수는 2011년 5,229명, 2015년 4,621명으로 꾸준히 줄어들고 있다. 아직까지 경제협력개발기구(OECD) 회원국 중 교통사고 사망자가 가장 많은 국가 중 하나지만 줄어들고 있다는 점은 긍정적이다.

하지만 교통사고 사망자 수가 줄어들었다고 해서 우리 국민들의 교통의식이 개선됐다고 볼 수 있을까. 취재팀은 이 같은 의문을 갖고 다양한 장소에서 다양한 방법으로 실험을 했다. 실험 후 내린 결론은 '대한민국 국민들의 교통의식은 20년 전과 달라진 것이 하나도 없다'였다. 한밤중 보행자가 드문 횡단보도에서 신호를 지키는 차는 없었고 제한속도 시속 30km인 스쿨존에서도 차들은 쌩쌩 달렸다. 암행순찰차에서 바라본 평일 고속도로는 레이싱 경기장을 방불케 했다. 법규를 지키지 않는 사람이 다수이다 보니 법규를 지키는 사람이 오히려 비정상 취급을 당하고 있었다.

하지만 거칠게 운전하던 사람들도 경찰차가 보이거나 단속카메라를 지나칠 때면 언제 그랬냐는 듯 순한 양처럼 법규를 지켰다. 대한민국 운전자들에게 교통법규란 '단속할 때만 지키는 것'이라는 인식이 너무도 뿌리깊이 박혀 있었다.

〈양심냉장고〉 20년
여전히 양심은 없었다

1996년 4월 〈양심냉장고〉라는 TV 예능프로그램이 첫선을 보였다. 심야 시간에 여의도에 있는 한 아파트 앞 횡단보도에서 신호를 지키는 차량이 있는지 살펴보고 지키는 사람에게 냉장고를 선물하는 관찰카메라였다.

수십 대의 차가 약속이라도 한 듯 신호를 무시하는 모습에 진행자들은 낙담했고 몇 시간을 기다린 끝에 나타난 첫 양심냉장고의 주인공이 뇌성마비 장애인이라는 사실에 시청자들은 큰 감동을 받았다.

20년이 지난 지금 대한민국 양심 수준은 얼마나 높아졌을까. 〈매일경제〉 취재진은 꽃샘추위가 절정이던 2016년 3월 11일 새벽 0시 50분부터 3시간 동안 서울 여의도 63빌딩과 시범아파트 사이 왕복 5차선 도로(63로)에서 지나가는 차량의 횡단보도 신호등 준수 여부를 점검했다.

신호를 무시하고 달리는 차들

"
2000년 한국은 교통사고 사망자 수 세계 1위의 교통 후진국이었다.
지금은 어떨까.
"

점검 결과는 처참했다. 신호 대기에 걸린 차량 100대 가운데 파란불로 바뀐 후 출발한 차는 5대에 불과했다.

20년 전에 비해 크게 나아지지 않은 교통법규 준수 실태는 교통사고 증가의 주요 원인으로 꼽힌다. 경찰청 집계에 따르면 교통사고 사망자는 2011년 5,229명에서 2015년 4,621명으로 11.6% 줄었지만 교통사고 건수는 같은 기간 22만 1,711건에서 23만 2,035건으로 오히려 늘었다. 교통신호 위반은 2011년 186만 6,688건에서 2015년 224만 3,753건으로 20.1% 늘었다. 중앙선 침범, 안전띠 미착용 등 다른 교통법규 위반도 늘었다.

거꾸로 가는
교통양심

〈매일경제〉 취재팀이 횡단보도 신호 준수 여부를 점검한 서울 영등포구 63로는 주위에 63빌딩을 제외하고는 상업용 빌딩이 거의 없어 매우 어둡다. 특히 새벽 1시가 지나면 63빌딩의 조명도 대부분 꺼지는 데다 도로 양쪽 끝에 불법 주차된 차량이 줄지어 있기 때문에 갑자기 튀어나오는 보행자가 있을 경우 운전자 대응이 어렵다. 이 길은 원효대교, 올림픽대로 등 주요 간선도로로 연결돼 있어 심야 시간에도 차량 통행량은 많은 편이다. 때문에 사고를 방지하기 위해 약 100m 단위로

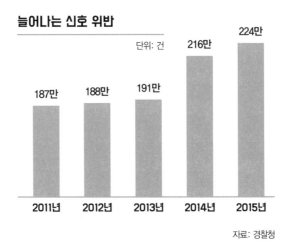

늘어나는 신호 위반

단위: 건

187만 2011년
188만 2012년
191만 2013년
216만 2014년
224만 2015년

자료: 경찰청

촘촘하게 횡단보도가 들어서 있다.

하지만 도로를 달리는 차들은 횡단보도와 신호등의 존재를 전혀 의식하지 않았다. 늦은 시각인 만큼 도로를 달리는 차량의 90% 이상이 택시였는데 신호를 준수한 택시는 2대뿐이었다. 나머지 3대 중 2대는 일반차량, 1대는 물품배송용 트럭이었다. 인근을 돌아다니며 쓰레기를 수거하는 청소차량도 신호를 지키지 않기는 매한가지였다.

점멸신호 역시 지켜지지 않고 있었다. 63로는 63빌딩과 여의도 성모병원을 잇는 570m 길이의 도로로 총 6개의 횡단보도가 있다. 이 중 양쪽 끝 3개를 제외한 나머지 3개 횡단보도는 새벽 1시를 기점으로 신호등이 황색 점멸신호로 바뀌었다. 보행자가 없을 때 기다리지 않고 지나갈 수 있도록 한 배려다. 하지만 '서행하며 진입'이라는 황색 점멸신호의 원칙을 지키는 차는 단 한 대도 눈에 띄지 않았다. 있으나 마나 한

점멸신호였다.

이 거리에서 4년째 편의점을 운영 중인 김 모 씨는 "사람이 많지 않은 데다 워낙 어둡기 때문에 새벽 시간에 교통법규를 지키는 차량은 거의 없다"며 "보행자 중 술에 취한 사람이 많아 가끔 위험한 상황이 연출되기도 한다"고 설명했다.

이 같은 현실을 반영하듯 최근 교통법규 위반 건수는 점차 늘고 있다. 경찰이 단속한 교통법규 위반 건수는 2011년 1,115만 3,765건에서 2015년 1,485만 1,129건으로 5년 만에 33.1% 늘었다. 음주운전이 25만 8,213건에서 24만 3,100건으로, 무면허운전은 6만 8,469건에서 6만 6,164건으로 소폭 줄었지만 신호위반, 과속운전, 안전띠 미착용, 중앙선 침범 등 상대적으로 과실의 정도가 덜한 법규 위반은 오히려 늘었다. 음주운전이나 무면허운전은 심할 경우 면허취소 등 중징계를 받지만 신호위반, 안전띠 미착용은 단속에 걸려도 범칙금만 물면 된다.

교통법규 준수율이 낮은 이유 중 하나로 선진국에 비해 낮은 범칙금이 꼽힌다. 교통범칙금 제도는 1995년 지금의 체계로 정비된 후 큰 변화 없이 유지되고 있다. 삼성교통안전문화연구소가 미국, 유럽, 일본 등 OECD 소속 6개국과 한국의 범칙금을 비교한 연구에 따르면 우리나라 범칙금은 적게는 2배, 많게는 10배 가까이 낮다. 신호위반, 속도위반 모두 우리나라의 범칙금은 6만 원으로 7개국 중 가장 낮다. 두 가지 항목에 대한 범칙금 평균은 호주가 50만 5,000원으로 가장 비쌌고 영국 25만 원, 미국 23만 5,000원, 프랑스 17만 5,000원 등으로 우리보다 3배 이상 높다. 특히 호주 속도위반 범칙금은 76만 원으로 우리보다

OECD 주요국 신호위반 범칙금

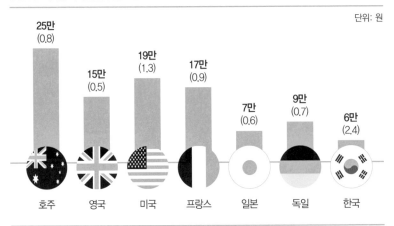

단위: 원

25만
(0.8)

15만
(0.5)

19만
(1.3)

17만
(0.9)

7만
(0.6)

9만
(0.7)

6만
(2.4)

호주   영국   미국   프랑스   일본   독일   한국

*괄호 안은 자동차 1만 대당 사망자 수(명)   자료: 삼성교통안전문화연구소(2014년 기준)

12배 이상 높다. 호주는 암행순찰과 이동식 카메라 단속이 활발해 언제 어디서 단속이 진행되는지 예측할 수 없다. 호주 뉴캐슬에 거주하는 교민 김성필 씨는 "한국에서처럼 운전하다가는 범칙금 때문에 살림이 거덜 날 것"이라며 "아무리 작은 교통법규라도 실천하는 것이 생활화돼 있다"고 말했다. 호주의 자동차 1만 대당 사망자 수는 0.8명으로 우리나라(2.4명)의 3분의 1 수준이다.

김필수 대림대 자동차학과 교수는 "기본적인 교통법규 준수가 안 되는 것은 체계적인 교육이 이뤄지지 않는 데다 단속 범칙금도 낮기 때문"이라며 "어릴 때부터 교통안전에 대한 체계적인 교육을 하면서 동시에 교통법규를 지킬 수 있도록 동기 부여하는 '당근형' 정책도 필요하다"고 말했다.

김 교수가 언급한 당근형 정책의 대표적 사례가 2010년 도입된 스웨덴의 '스피드 로또'다. 규정 속도를 어긴 운전자들로부터 걷은 벌금을 모아 규정 속도를 지킨 운전자들 중 한 사람에게 몰아주는 것이다. 일부 운전자가 당첨금을 획득했다는 사실이 언론을 통해 알려지자 참여율은 더욱 높아졌다. 결국 시스템 도입 후 스웨덴 스톡홀름 내 차량의 평균 속도는 22% 감소했다.

있으나 마나 한 스쿨존

교통 약자인 어린이를 보호하기 위해 만들어진 어린이보호구역스쿨존에서도 교통법규는 제대로 지켜지지 않고 있었다.

〈매일경제〉 취재진이 2016년 3월 11일 낮 12시 30분부터 약 1시간 동안 서울 구로구 신도림동 신미림초등학교 인근 스쿨존에서 통행 차량 50대를 살펴본 결과 규정 속도인 시속 30km를 지킨 차는 단 한 대도 없었다. 현장에는 속도를 측정해 알려 주는 장비와 어린이보호구역이라는 팻말이 있었고, 속도계에서 약 300m 떨어진 지점에는 시속 30km 이하로 주행하라는 표지판도 있었다. 하지만 대부분 차량은 시속 40~50km로 속도계를 지나쳤다. 일부 차량은 규정 속도의 2배인 시속 60km 이상으로 달렸다. 실험 중 어린이집 차량도 2대 지나갔는데 이들 역시 규정 속도를 지키지 않았다.

이 스쿨존은 초등학교 입구에서 140m 떨어진 곳에 위치하고 있어 '출입문 반경 300m'인 스쿨존 기준을 충족하지만 왕복 8차선으로 스쿨존 치고는 도로 폭이 넓은 데다 과속방지턱이나 바닥 특수포장이 구비돼 있지 않다. 흔히 떠올리는 스쿨존 이미지와는 상당히 다르기 때문에 운전자가 표지판을 유심히 살펴보지 않는다면 스쿨존임을 인지하지 못할 가능성이 높다. 현장에서 만난 한 주민은 "스쿨존이기는 하지만 차들이 워낙 쌩쌩 달려서 학부모들도 자녀가 이 거리로는 아예 다니지 못하도록 교육한다"고 전했다.

경찰청에 따르면 스쿨존 어린이 교통사고는 2011년 751건에서 2015년 541건으로 27.9% 줄었다. 하지만 2013년 427건까지 줄어들었다가 최근 들어 다시 늘어나는 추세다. 사망자 수 역시 2011년 10명에서 2015년 8명으로 크게 줄어들지 않았다. 그럼에도 불구하고 관련 예산은 점차 줄고 있다.

국민안전처에 따르면 스쿨존 예산은 2012년 842억 원에서 2013년 760억 원으로 줄었으며 2014년에는 190억 원으로 대폭 삭감됐다. 2016년 예산 역시 131억 원에 불과하다. 그나마 이 예산도 스쿨존 신규 지정과 관련된 것이다. 도로포장, 시설보수 등 유지보수 관련 예산은 지방자치단체 관할이기 때문에 제대로 집계도 되지 않고 있다.

스쿨존 일부에 도입된 속도계의 활용도가 떨어지는 것도 아쉬운 점이다. 신미림초등학교 현장에 배치된 속도계가 대표적이다. 차량의 속도를 표시만 해 줄 뿐 과속차량을 가려 내는 기능은 없다. 운영주체가 경찰이 아닌 지방자치단체이기 때문이다. 학교 인근에 설치된 수많은

CCTV들도 과속차량 단속에는 전혀 쓰이지 못하고 있다.

경찰 자체적으로 스쿨존 무인과속단속장비를 운영하고는 있지만 설치율이 저조해 제대로 된 기능을 못하고 있다. 경찰청에 따르면 2015년 말 기준 전국 스쿨존 1만 6,085곳에 설치된 무인단속장비는 238대에 불과했다.

사람 걸어 다닐 길도 제대로 없는데
교통법규를 지키라니요?

100년이 넘는 역사를 자랑하는 전북 김제시 요촌동 김제전통시장 일대. 보도가 없는 이곳에서 사람들은 왕복 4차로 가장자리의 협소한 공간이나 아예 차도를 통해 걷는다. 횡단보도가 있지만 차도를 가로질러 무단횡단을 하는 경우가 태반이다. 길 가장자리 인파 사이로는 자전거, 오토바이가 위험천만한 주행을 하는 모습도 심심찮게 찾아볼 수 있다. 줄지어 늘어선 상가 앞은 상인들이 불법 주차한 트럭과 좌판들로 혼잡하다.

무질서한 일대 교통 환경을 개선하기 위해선 일단 보도를 만드는 것이 최우선 과제이지만 가게 접근성이 떨어져 불편할 것이란 일부 상인, 시민들의 반대 탓에 제대로 추진되지 않고 있다. 그야말로 교통 안전의식의 실종 상태인 셈이다.

교통법규를 가볍게 여기는 문제는 인구가 밀집한 대도시만의 것이 아니다. 오히려 인구밀도가 상대적으로 낮고 교통량도 적은 지방 소도시에서 더 후진적인 교통문화가 나타난다고 전문가들은 지적한다.

2016년 3월 초 교통안전공단이 발표한 '2015년 교통문화지수 실태조사 결과 보고서'에 따르면 2015년 교통문화지수는 100점 만점에 78.75점으로 전년 76.7점 대비 2.05점 상승한 것으로 나타났다. 2011년 74.79점에서 2012년 75.2점, 2013년 76.04점으로 꾸준한 상승세를 보여 과거에 비해 높아진 국민의 의식 수준을 짐작하게 한다.

하지만 지역적으로 살펴보면 두드러진 편차가 곧바로 확인된다. 보고서에 따르면 인구 30만 명 이상인 시의 교통문화지수는 81.29점인 반면 인구 30만 명 미만인 시는 79.41점, 군은 현저히 낮은 74.63점이다. 특히 수도권인 서울(83.98점), 인천(86.38점), 경기(81.97점) 지역이 나란히 상위권에 이름을 올린 반면 제주(73.16점), 전남(75.95점), 충남

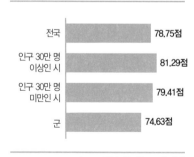

도시 규모별 교통문화지수

전국 78.75점
인구 30만 명 이상인 시 81.29점
인구 30만 명 미만인 시 79.41점
군 74.63점

자료: 교통안전공단(2015년 기준)

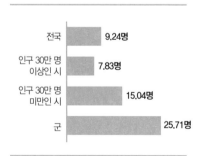

도시 규모별 인구 10만 명당 교통사고 사망자 수

전국 9.24명
인구 30만 명 이상인 시 7.83명
인구 30만 명 미만인 시 15.04명
군 25.71명

자료: 교통안전공단(2015년 기준)

(76.33점), 경북(76.69점) 등 지방 지역은 최하위권이다.

단위 인구당 교통사고 사망자 수도 비슷한 양상을 보인다. 2015년 전국 기준 인구 10만 명당 교통사고 사망자 수는 9.24명이다. 인구 30만 명 이상 시는 7.83명에 불과한 반면 인구 30만 명 미만 시는 15.04명, 군은 25.71명으로 격차가 매우 크다.

전문가들은 부족한 지방재정 문제와 낙후한 교통 인프라스트럭처, 민·관 구분 없이 관습처럼 자리 잡은 교통질서 무시 풍조 등이 맞물려 악순환의 고리를 형성하고 있다고 분석한다.

장택영 삼성교통안전문화연구소 박사는 "지방의 경우 수도권에 비해 교통안전 관리 시스템이 뒤떨어져 있고, 또 투입할 예산도 마땅치 않아 아예 손을 놓고 있는 경우가 많다"며 "부족한 시스템이 뒤떨어진 시민의식을 낳고, 교통질서에 대한 무관심으로 이어져 총체적인 난국을 낳는 것"이라고 진단했다.

이를 해결하기 위해 힘써야 할 주체인 지방자치단체들이 사실상 손을 놓고 있다는 건 가장 심각한 문제다. 전국 지자체 가운데 교통안전 분야를 전담하는 부서와 인력이 있는 곳은 찾아보기 힘든 실정이다.

2015년 서울시가 교통사고안전전담팀을 신설했을 뿐 대부분의 지자체가 여전히 건설(시설관리)·도시·교통행정 분야에서 업무를 조금씩 나눠 맡는 식이다.

김명희 교통안전공단 책임연구원은 "지방으로 갈수록 교통안전 담당자가 다른 업무를 겸직하고 있거나 아예 교통안전과 자체가 없는 경우도 있다"며 "결국 교통안전에 대한 관심이 현저히 낮다고 볼 수밖에 없는 상황"이라고 지적했다.

　일본은 총리를 의장으로 하는 범정부 차원의 중앙교통안전대책회의를 중심으로 체계적인 조직을 갖추고 있다. 이곳에서 수립한 국가교통안전기본계획을 바탕으로 각 행정단위마다 하위 대책회의가 일대 교통안전계획을 만들고 집행한다. 중앙정부에선 장려금 형태로 지자체 조직에 교통안전 관련 재정 지원을 한다. 작은 마을로 가더라도 지자체를 중심으로 교통안전 정책이 원활히 펼쳐진다는 점이 특징이다.

　일본 교토 부 나가오카교 시의 사례가 대표적이다. 인구가 8만여 명 안팎에 불과한 교토 근교의 한적한 소도시이지만 시 조직에 교통안전을 전담하는 교통대책과를 갖췄다.

　보행자들을 위한 각종 안전대책 수립부터 시작해 학생들을 대상으로 한 안전 수업, 고령자 안전 체험교육 등 다양한 활동으로 지역사회의 교통문화를 선도한다. 지방으로 갈수록 변변한 담당자조차 찾아보기 힘든 우리나라와는 대조적이다.

　전문가들은 지방까지 선진 교통문화를 고르게 퍼뜨리기 위해선 지자체 교통안전전담 조직을 재정비하는 것이 첫걸음이라고 강조했다. 장택영 박사는 "교통안전법상에 관련 조직을 창설할 근거를 명시하고 지자체들이 정상적인 교통안전 정책을 추진할 수 있도록 지원해야 한다"며 "중앙기관에서 충분한 예산을 지원하고 이들의 활동을 꾸준히 모니터링하는 것도 중요하다"고 밝혔다.

갈 길 먼 준법정신

∿∿∿∿∿

"차량번호 ××××번 하얀색 카니발, 속도 줄이고 옆으로 빠지세요."

2016년 3월 10일 낮 12시 20분께 경부고속도로 상행선 신갈분기점 앞 1km 지점. 차창 너머 버스전용차로를 흰색 승합차 한 대가 쏜살같이 스쳐 지나갔다. 육안으로도 확인할 수 있는 명백한 과속 운전. 전후 좌우를 살피던 고속도로순찰대 제2지구대 소속 김진욱 경사는 곧바로 '암행순찰차' 경광등을 켜고 사이렌을 울리며 추격에 나섰다. 순식간에 시속 150km까지 속도를 냈지만 도주하는 차량은 거의 시속 180km까지 속도를 높였다. 다른 차들 사이로 '칼치기(급 차선 끼어들기)'를 하던 과속 차량은 원주 방향 도로로 빠지며 유유히 사라졌다.

동승한 최승원 경사는 "경찰이 지켜보지 않으면 교통법규를 어기는 운전자가 여전히 많은데 그중엔 저렇게 무리하게 도주하는 사람도 가끔 있다"며 "안전 문제 때문에 무리한 현장 검거는 자제하고 있지만, 블랙박스 영상 등을 이용해 모두 엄중한 조치를 취한다"고 설명했다.

〈매일경제〉가 경찰 암행순찰차를 타고 경부고속도로 만남의 광장~기흥IC 구간을 동행 취재한 결과, 과속·버스전용차로 위반 등 교통질서를 무시하는 '도로 위 비양심' 행태가 만연했다.

암행순찰차는 탈부착식 경찰 마크를 제외하면 외관상으론 일반 승용차와 동일하다. 운전자들이 단속 가능성이 없다고 생각하는 상황에서 얼마나 교통법규를 준수하는지 확인할 수 있다.

고속도로 위반 차량을 단속하는 암행순찰차

"
지금 대한민국 양심 수준은 얼마나 될까.
"

이날 오전 11시 30분부터 약 1시간 30분 동안 암행순찰차에 적발된 차량은 총 3대. 30분에 1대 꼴로 교통법규를 위반한 차량이 나타난 셈이다.

최 경사는 "암행순찰차로 도로 위의 모든 법규를 위반한 차량을 잡아 낼 수는 없지만 하루 평균 10~20대씩 적발하고 있다"며 "주로 버스전용차로·갓길 위반 등 얌체 운전자가 많이 잡히고 난폭·보복운전으로 적발되는 사례도 상당하다"고 말했다.

경부고속도로 초입에서 전남 목포로 향하던 흰색 스포츠유틸리티차량SUV은 버스전용차로를 달리다가 암행순찰차에 붙잡혔다. 운전자 김 모 씨는 "급하게 집에 내려가야 하는데 자꾸 도로가 막히니까 답답해 차선을 어겼다"며 "경찰이 없다고 생각하니 유혹을 이기기 힘들었다. 암행순찰차라는 게 있는 줄 몰랐다"고 털어놓았다.

이날 오전 9시께 죽전휴게소 앞 2km 지점에서는 무면허운전자를 검거했다. 당초 운전 중 휴대전화를 사용하다가 암행순찰차에 적발됐지만 면허증을 확인하는 과정에서 무면허 사실이 추가로 확인됐다.

법규를 어기고도 "왜 나만 잡느냐"며 억울함을 호소하는 사람도 있었다. 6명 이상 타야 달릴 수 있는 버스전용차로를 2명만 탄 채로 달려 적발된 한 승합차 운전자는 "동시에 차선을 위반한 차도 2대나 있었는데 나만 잡히니까 솔직히 억울하다. 이렇게 경찰이 숨어서 단속하는 건 좀 치사한 것 아니냐"며 되레 역정을 냈다.

암행순찰차 옆을 지나던 한 승용차에서는 측면에 붙은 경찰 마크를 뒤늦게 확인하고는 황급히 속도를 줄이고 조수석 안전띠를 매는 모습도 발견할 수 있었다.

경찰청에 따르면 2016년 3월 시범 도입된 암행순찰차는 약 한 달간 1,000여 건의 법규 위반 차량을 적발했다. 하루에 30~40건의 실적을 올린 셈이다. 경찰은 현재 경기·충남지방경찰청 고속도로순찰대에 각 한 대씩 배치된 암행순찰차를 6월까지 시범운영하고, 연말까지 전국 11개 고속도로순찰대에 확대 보급할 예정이다.

에필로그

"이 정도일 줄은…
10회가 아니라 100회도 쓸 수 있겠다 싶었죠"

'우리 마음속 10적' 기획을 위해 현장을 취재한 〈매일경제〉 기획취재팀 기자들이 시리즈를 종료한 뒤 좌담회를 열고 취재 과정 중 에피소드와 독자들 반응, 새롭게 발견한 사실과 제언 등을 주제로 대화하고 있다.

"이 정도일 줄은 몰랐다."

선진국 진입을 가로막는 우리 마음속 10적 시리즈 취재기자들의 공통된 반응이다. 독자 1만 4,023명이 선정한 10적을 주제로 현장 취재를 하면서 기자들은 생각보다 심각한 현실에 놀라움을 감출 수 없었다. 취재를 하면서 '우리가 이 정도밖에 안 될까'라는 고민에 빠지기도 했다. 2016년 3월부터 한 달간 분주하게 현장을 누볐던 편집국 기자들이 취재수첩에 담긴 이야기를 다시 꺼내 보며 신문지면에 미처 싣지 못했던 뒷이야기와 독자들의 반응, 취재 과정의 에피소드, 소회 등을 주제로 이야기를 나눴다.

Q. 취재 과정에서 드러난 충격적인 사실이 있었나.

▶ 사람들의 악마 같은 갑질 근성을 자세히 봤다. 취재차 만난 한 대기업 임원은 "우리가 알고 있는 세상은 진짜 세상의 2%도 채 안 될 것"이라고 하더라. 점잖은 자리에서 겸손하게 굴며 화기애애하게 인사하고 밥 먹는 사람들이 얼마 되지 않는다는 의미였다. 나보다 조금이라도 약해 보이는 사람은 어떻게든 짓밟아야 한다는 논리가 세상에 통용되고 있더라. 우리 사회 갑질 현상이 만연한 것은 그만큼 세상 살기가 팍팍하다는 의미이기도 했다.

▶ 퇴계로, 명동역 일대 지하철 환풍구 안전 상태는 충격적이었다. 한 덮개에선 지지 강도를 현저히 떨어뜨리는 끊어짐 현상이 발견됐다. 취재진이 문제를 지적한 환풍구들은 모두 즉시 보수됐다. 수많은 사람의 목숨을 앗아 간 환풍구 붕괴 참사가 일어난 판교테크노밸리 일대도 모든 환풍구에 출입통제시설이 생겼다. 하지만 명동과 충무로, 판교의 환풍구는 대한민국 전체 환풍구 중 0.1%도 되지 않는다. 과연 이곳의 환풍구들만 문제가 있을까라는 생각이 들었다.

▶ 원정출산 브로커가 한 말이 머릿속에서 떠나지 않는다. 그는 "아이를 위한 2,000만 원짜리 국적 보험이라고 생각하라"며 "아이들에게 국적 선택의 기회를 주는 건데 부모로서 해 줄 수 있는 건 다 해 줘야 하는 것 아니냐"고 말했다. 그러면서 교

수, 의사, 판사 등 사회지도층이 주요 고객이라고 했다. 브로커는 "미국 국적이 얼마나 좋은지 아는 사람들은 다들 원정출산을 하고 있다"고 말했다.

▶ 한밤중 아무도 없는 도로에서 횡단보도 신호를 지키는 운전자가 과연 얼마나 될까. 20년 전 TV에서 화제가 됐던 〈양심냉장고〉를 떠올리며 취재진은 서울 여의도 한 횡단보도에서 한밤중 실험카메라를 진행했다. 횡단보도 신호대기에 걸린 차량 100대 중 신호를 지킨 차는 5대뿐이었다. 대한민국 사람이라면 십중팔구 이런 상황에서 신호를 지키는 사람이 이상하다고 생각한다. 하지만 교통신호는 국민끼리 한 약속이다. 상황에 따라 옳고 그름의 기준이 바뀌어서는 안 된다.

▶ 호남 출신이라는 이유로 회사 내에서 폭언을 듣고 따돌림을 당했던 한 회사원의 사례는 믿기 어려울 정도였다. 해당 회사원이 부당한 처우를 받았다는 얘기를 듣고 회사 이름과 가해자에 대해 일부 공개를 해서 부당한 처사를 바로잡고 싶었으나 제보자의 간곡한 만류로 그럴 수 없었다. 제보자가 아직 회사에 다니고 있기 때문에 회사로부터 오히려 부당한 대우를 받을까 봐 공개를 꺼렸기 때문이다.

Q. 보도 후 인상적인 반응은 어떤 것이 있었나.

▶ 명동과 충무로 일대 환풍구들의 안전 여부를 취재하면서 관리주체인 서울메트로에 해당 상황을 전달했더니 "문제없다" 또는 "올해 중 보수할 예정"이라는 한가로운 답변이 돌아왔다. 하지만 기사가 나간 후 서울메트로의 반응은 180도 바뀌었다. 가장 많은 문제점을 지적받은 명동역 앞 환풍구는 보도 당일 상판 철제구조물

보수공사가 이뤄졌고, 약 2주 후 상판을 통째로 바꿨다. 나머지 환풍구도 모두 보수됐고 출입통제시설이 갖춰졌다.

▶ 아동학대를 겪었던 미혼모 지수에 대한 기사가 나간 이후 그를 응원하는 수백 개의 독자 댓글을 보면서 아직 우리 사회에 희망이 살아 있다는 생각이 들었다. 사실 미혼모를 비난하는 댓글이 많으면 어쩌나, 지수가 상처를 받지는 않을까 이제 와서 보면 괜한 걱정을 하기도 했다. 미혼모 지수를 돌봤던 아동학대전담경찰관(APO)은 이번 기사를 계기로 경기지방경찰청 표창을 받았다. 가족으로부터 분리된 학대 피해자들에게는 가족 같은 울타리가 필요하다. 그런 역할을 적극적으로 맡아 준 APO는 상을 받을 만한 자격이 있다고 생각한다.

▶ 오랜 기간 중소기업 임원을 하다 아파트 경비원이 된 사연을 소개한 기사에 대한 반응이 뜨거웠다. 보도가 나간 이후 '을'의 애환을 잘 들어줘서 고맙다는 취재원의 인사와는 달리 온라인에서는 취재원을 비방하는 목소리가 높았다. 취재 의도와는 달리 네티즌은 경비원이 과거 '갑'의 지위로서 하도급 업체에 누렸던 부당한 특혜에 대해 "뿌린 만큼 거둔다", "임원까지 한 사람이 무엇하러 경비원을 하느냐"는 식의 야유성 댓글을 달았다. 관용과 이해가 아닌, 마구잡이식 비난이 주를 이룬 것 자체 역시 한국 사회의 팍팍한 현실이 아닌가 싶었다.

▶ 원정출산 기사를 접한 독자들의 반응은 우리나라 사회지도층에 대한 실망감과 자조 섞인 한숨이었다. 국적 선택은 물론 개인의 자유라고 볼 수 있지만, 의무와 책임을 망각한 사회지도층의 행태에 독자들은 분노했다. 심지어 "나부터도 돈이 있

으면 내 자식에게 한국 국적을 물려주고 싶지 않다"는 한 네티즌의 의견을 읽으며 씁쓸함을 감출 수 없었다.

Q. 우리 마음속 10적을 취재하면서 느낀 소감은.

▶ 이번 기획취재는 평소 해 오던 것과는 많이 달랐다. 무엇이 문제인지, 무엇을 취재할지, 어떻게 취재하고 표현해 낼지 등 어느 것 하나 정해져 있지 않은 상태에서 출발했다. 그다지 참신한 주제들도 아니었기 때문에 어설프게 접근했다간 지금껏 수없이 다뤄졌던 기사들을 재탕했다는 비판을 피하기 어려워 보였다. 그랬던 만큼 어떻게든 기존과 차별화해 보고자 발버둥 쳤다. 특히 국내 언론 최초로 시도한 신문·방송 동시 취재는 생각했던 것보다 열 배는 더 힘들었다. 하지만 많은 노력이 들어간 만큼 보도 후 확인할 수 있는 독자 반응도 열광적이었다. 특히 온라인 기사에 달린 응원 댓글들은 한동안 잊고 살았던 기자라는 직업의 '참맛'을 느끼게 해 줬다.

▶ 사회는 급변하는데 교육은 제자리걸음을 하고 있다는 인상을 받았다. 단기 성과에 급급한 한국 축구 유소년 교육 시스템을 지적할 때도 그랬고, 급격하게 발전하는 정보화사회에 발맞추지 못하는 인터넷 윤리 교육 현장을 취재했을 때도 마찬가지였다. 교육이 사회를 반영하지 못하고 있는 배경에는 어김없이 '밥그릇 싸움'과 '과잉 성과주의' 등 한국의 구조적인 후진성이 자리 잡고 있었다.

▶ 우리는 '헬조선'을 외치고 해외 선진국과 다른 현실을 비판하며 스스로 불행하다고

만 말한다. 하지만 선진국 진입을 위해 무엇을 해야 하는가에 대한 고민은 없었다. 한 사람의 기자로서 우리 사회의 어두운 단면을 부각하고 비판적인 기사를 쏟아냈던 과거를 되돌아봤다. 우편과 온라인으로 보내주신 독자들의 사연을 하나하나 읽고 현장을 취재하면서 '앞으로 어떻게 해야 할까'에 대한 고민을 끊임없이 했다.

Q. 취재 과정에서 부딪힌 반발은 무엇이 있었나.

▶ 감정노동자들의 애환을 들으러 모 회사 콜센터를 취재할 당시 업체 관계자들의 반발에 취재가 벽에 부닥쳤다. 본사 눈치를 보느라 콜센터 상담원들이 모욕을 겪은 사례를 취재하는 데 애를 먹었다. '어디 콜센터뿐이겠는가' 싶었다. 손님보다는 본사, 고객보다는 상사의 눈 밖에 나지 않기 위한 일을 하느라 분주한 직장인들은 이들만이 아닐 것이다. 이는 '갑질문화' 기획 당시 만났던 다수의 한국 거주 외국인들도 공통적으로 지적한 부분이다. "주객이 전도되고 본말이 뒤바뀐 이상한 나라"라는 것이 외국인들의 시선이었다.

▶ 세금 징수 현장을 동행 취재하면서 문을 굳게 걸어 잠그고 경찰을 부르겠다며 소리치는 체납자의 배우자를 보며 당황스러웠다. 체납자가 집에 도착할 때까지 30여 분을 기다렸지만, 그는 집 앞에서 자신이 억울하다며 또 한참을 이야기했다. 오랜 실랑이 끝에 들어간 집 안에서 은닉 재산을 찾을 수 없었다. 시간을 끄는 사이에 배우자가 재산을 빼돌린 듯했다. 조사관들은 이와 같은 일이 비일비재하다고 한숨을 쉬었다.

▶ 안전불감증이라는 주제의 기사를 작성할 때 국민안전대진단이라는 프로젝트를 하는 국민안전처와의 협업을 추진했었다. 하지만 국민안전처의 소극적인 협조로 일이 잘 진행되지 않았다. 국민안전대진단이라는 큰 프로젝트를 하면서도 홍보보다는 보고용 보고서 쓰기에 급급하다는 인상을 받았다. 국민안전대진단을 아는 일반인이 얼마나 될까. 나도 이번에 10적 기획을 하면서 처음 알게 됐다.

Q. 10적 취재팀으로서 독자와 사회에 전하고 싶은 말은.

▶ '10적'으로 선정된 열 가지 병폐에는 한 가지 공통점이 있다. 바로 한국인이라면 누구나 문제라고 인정하지만 정작 어느 누구도 완전히 자유로울 수 없는 문제라는 점이다. 그 때문인지 기사에 대한 독자 댓글에는 유독 한국인에 대한 자조적 비판이 많았다. 하지만 10적은 인간이라면 누구나 가질 수 있는 문제다. 선진국들도 안전불감증으로 대형 참사를 겪었고 교통법규를 지키지 않는 운전자들 때문에 여전히 고민하고 있다.

▶ 이번 10적 기획은 10회로 끝났지만, 사실 100회까지 쓸 수 있을 것 같다. 10적은 특별한 것이 아니라 우리 일상 속에서 언제든 벌어질 수 있는 나쁜 관행들이기 때문이다. 10적이라는 구호로 단순히 '문제 제기'하는 데 그치지 않고 나부터 고치자는 마음가짐, 작은 변화가 중요하고 세상을 바꿀 수 있다는 게 이번 10적 기획이 말하고자 한 바라고 생각한다. 앞으로 10적 시리즈에 그치지 않고 나부터 변해야 하는 게 무엇일지 생각해 봤으면 한다. 나도 그렇게 하겠다.

▶ 수많은 취재원이 공통적으로 주장했듯이 윗사람들이 먼저 바뀌어야 한다. 윗사람 눈치를 볼 수밖에 없는 구조인 대한민국에서는 더욱 그렇다. 대한민국이 '천민자본주의' 사회라는 말은 너무 오래전부터 듣던 말이다. 단순히 시간이 해결해 줄 것이란 안일한 기대보다는, 의사결정자들이 책임의식을 지니고 한국의 사회, 문화를 개선해 주길 바란다.

못 다한 '우리 마음속 10적' 이야기

기획취재팀은 '우리 마음속 10적'이라는 기획 취지에 맞게 독자들 의견을 수렴해 열 가지 과제를 선정했다. 그러나 지면에 실리지는 않았지만 성숙한 시민사회로 거듭나기 위해 우리가 타파하고 극복해야 할 '적敵'은 많았다. 미처 소개하지 못한 항목들을 독자들의 생생한 의견과 함께 소개한다.

'지연이나 학연 등의 연고를 중시하는 경향'은 순위 밖 리스트에서 맨 위에 이름을 올렸다. 한 독자는 "조직생활에서 업무능력이나 대인관계 등 모든 면에서 뛰어난 인재가 연고를 이유로 승진에서 배제되는 경우가 많다"며 "이런 일들이 쌓이다 보면 전문성 향상이나 업무능력 개발에 시간을 투자하기보다 회사 실세를 찾아다니며 관계를 맺는 게 우선순위가 돼 조직이 병들게 된다"고 우려의 목소리를 냈다.

대학 동문이 대표로 있는 하도급 업체와 계약하기 위해 입찰 참가 자